PETITE ENCYCLOPÉDIE DE

L'ÂNE

PETITE ENCYCLOPÉDIE DE

L'ÂNE

E. D. SVENDSEN

VIGOT

Dédicace

Cet ouvrage est dédié aux administrateurs,
aux directeurs et au personnel du Donkey Sanctuary
et de la Fondation Elisabeth Svendsen pour les enfants et les ânes,
ainsi qu'à tous ceux qui leur apportent leur soutien.

SOMMAIRE

INTRODUCTION

Elisabeth Svendsen

Je n'avais jamais eu l'intention de m'occuper de plus que de quelques ânes et lorsque j'ai acheté le premier de ma troupe, Naughty Face, en 1968, je n'aurais jamais imaginé dans quel engrenage je venais de mettre le doigt !
Toute petite, j'adorais déjà les ânes. Un week-end sur trois, nous rendions visite à mes grands-parents à St Annes-on-Sea (Royaume-Uni), et mon père devait faire un détour d'une vingtaine de kilomètres pour que nous puissions nous arrêter devant un champ où paissaient des ânes. J'escaladais le talus, criais « Les ânes ! », et ils venaient vers moi au petit galop.
J'ai suivi une formation d'enseignant et décroché un diplôme en pédagogie de la petite enfance plus particulièrement axé sur les enfants présentant des besoins spéciaux. Je me suis mariée en 1954. L'entreprise de mon père traversant une mauvaise passe, j'ai quitté mon poste d'enseignante pour devenir secrétaire dans une usine de fabrication de conduits, où je finis par devenir la première femme, je pense, à crapahuter dans des canalisations !
Le travail de mon époux nous contraignit à déménager à Somerset. Avec un bébé et un deuxième en route, le séchage des couches devint un vrai cauchemar, l'appartement où nous vivions n'ayant aucun espace prévu à cet effet. Ensemble, mon mari et moi avons inventé un séchoir à linge, que nous avons présenté à un concours de la meilleure idée commercialisable organisé par un journal national. Nous avons gagné et on nous a remis un prix de 5 000 £ à l'occasion d'une cérémonie diffusée à la télévision, qui nous a valu quantité de publicité ! Nous avons créé notre entreprise, rachetée ensuite par Thorn Industries, qui nous confia la direction d'une de leurs filiales. Mais deux ans après, nous avons démissionné pour relever un nouveau défi : nous sommes devenus consultants en Cornouailles où, entre autres missions, nous avons remis un chantier naval sur les rails. Malheureusement, mon mari se blessa au dos. Toujours désireux de travailler ensemble, nous

Expressions et proverbes autour de l'âne et de la mule

Charger la mule : saturer de travail ; accabler.

Tête de mule : se dit de quelqu'un qui refuse d'écouter ou de changer.

Ne pas se trouver sous le sabot d'une mule : être très rare.

Crier haro sur le baudet : désigner quelqu'un (parfois injustement) à la vindicte populaire.

Faire l'âne pour avoir du son : prétendre être imbécile ou naïf pour savoir quelque chose.

Naughty Face,
mon premier âne

avons cherché un projet nous le permettant, et avons fini par racheter le Salston Hotel, à Ottery St Mary. C'est à cette époque que j'achetai Naughty Face.

À cette époque, le corpus de connaissances professionnelles sur les ânes était proche du néant. S'ils avaient déjà la chance qu'on leur accorde des soins, on les traitait comme de petits chevaux. Il devait y avoir 18 000 ânes au Royaume-Uni alors, ce qui restait de la foule des ânes qui avaient remplacé les chevaux tirés des champs où ils travaillaient pour servir durant la Première Guerre mondiale.

Un mythe autour de l'âne

Selon la tradition chrétienne, la robe des ânes était jadis vierge de marque, et ce n'est que lorsque le Christ entra à dos d'âne dans Jérusalem qu'ils reçurent la croix de Saint-André, ou bande cruciale, la croix noire que dessinent la raie de mulet sur leur dos et la bande scapulaire d'une épaule à l'autre.
La croyance populaire voulait que les poils de la croix de Saint-André aient le pouvoir de guérir divers maux, et on les portait souvent comme un charme autour du cou.

En même temps que je dirigeais l'hôtel, mon amour et mon respect pour ces animaux si pleins d'humilité et si durs au labeur ne faisaient que croître, et je devins membre de la Donkey Breed Society (DBS) pour en apprendre plus sur eux. L'horreur que je ressentis devant la condition des ânes sur les marchés – et devant un incident en particulier au marché d'Exeter, où je vis des ânes malades et vieux vendus à un organisateur de promenades sur la plage – me décida à arrêter l'élevage des ânes pour me lancer plutôt dans leur sauvetage. Je contactai alors la DBS pour voir s'ils souhaiteraient s'impliquer dans cette initiative mais, à cette époque, ils préféraient se consacrer exclusivement à l'amélioration de la race.

En 1972, les bénéfices de l'hôtel étaient réinvestis en totalité dans mon petit refuge, et au milieu de l'année 1973 je m'occupais de trente-huit ânes. Je décidai de fonder une organisation caritative et, avec l'aide d'amis partageant mes convictions et d'autres amoureux des ânes, je fis enregistrer The Donkey Sanctuary (« Le Refuge de l'Âne »). Je commençai à rédiger des bulletins semestriels et à les envoyer aux gens qui avaient manifesté un intérêt pour mon travail et je pus ainsi lever les fonds nécessaires à la pérennité de l'organisation. La vitesse à laquelle le nombre de nos membres se multipliait était à la fois stupéfiante et gratifiante.

C'est aux alentours de cette époque que je reçus un appel téléphonique de Violet Philpin, qui dirigeait The Helping Hand Donkey Sanctuary (« Le Refuge de la main tendue »), association de sauvetage des ânes près de Reading. Elle avait profondément à cœur l'intérêt des ânes, mais avait du mal à s'en sortir avec six bêtes récupérées en très mauvais état au marché de Reading. J'acceptai de les prendre. Absolument terrifiés, ils étaient dans un état effroyable ; un petit âne plus particulièrement, que nous avons baptisé Tiny Titch, avait visiblement été sévèrement battu. Des masses dures sur son dos s'avérèrent être des morceaux de sacoche incrustés dans la chair, ainsi que de petits éclats osseux de sa colonne vertébrale. Il était si faible qu'aucune intervention pour retirer les morceaux de sacoche et les esquilles n'était possible tant qu'il n'avait pas repris des forces.

On donne parfois du lait d'ânesse aux nourrissons. On dit qu'il les protège des rhumes et de la toux. Le lait d'ânesse, censément le plus proche du lait maternel, contient en effet du colostrum.

So Shy, une autre petite ânesse du même groupe, était si maigre et si effrayée qu'il fut difficile de s'en approcher suffisamment pour vérifier sa dentition et déterminer son âge. Lorsque enfin nous y réussîmes, je fus horrifiée de découvrir des incisives brisées de la première à la dernière ; elle avait même encore les gencives maculées de sang coagulé. Elle aussi avait été violemment battue. Une intervention dentaire était vitale car elle était incapable de manger, mais ce fut un succès et elle recouvra progressivement la santé grâce à nos soins.

Comme toutes les histoires, celle-ci se devait de connaître une happy end. So Shy et Tiny Titch tombèrent amoureux ! Quand ils furent parfaitement remis, ils furent les premiers de nos ânes à trouver un nouveau foyer grâce à notre programme d'adoption, et ils coulèrent longtemps des jours heureux ensemble, chez une famille non loin du Donkey Sanctuary.

Le soir du 20 juin 1974 changea ma vie. Je reçus un appel urgent d'un M. Holman, de la Barclays Bank à Reading, qui me dit que Violet Philpin était décédée, et qu'elle m'avait fait un legs : 204 ânes ! Mlle Philpin avait probablement décidé qu'elle pouvait me confier ses ânes, certaine que je m'occuperais d'eux, mais je vous laisse imaginer mon désarroi. Passant des appels frénétiques

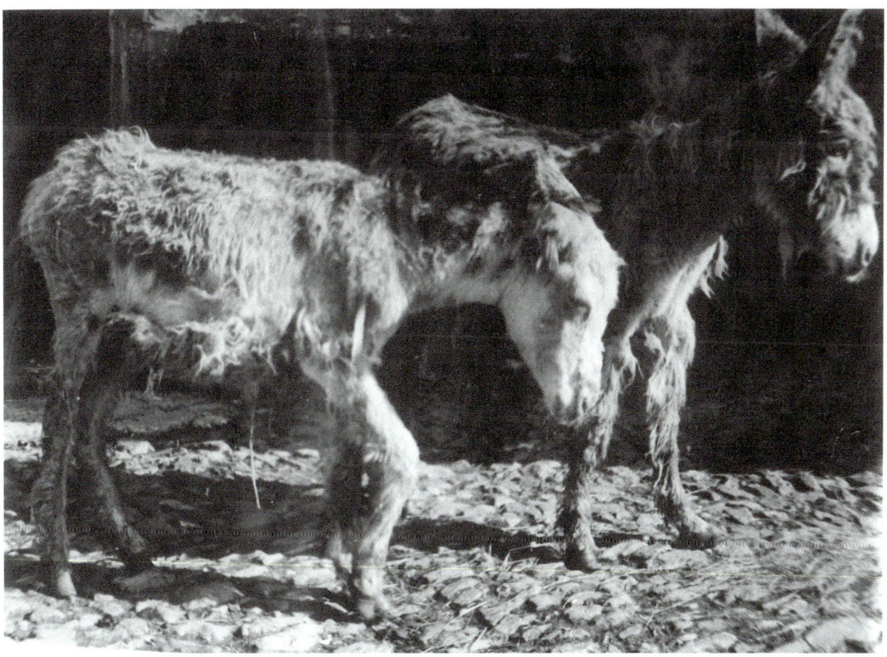

Hansel et Gretel à leur arrivée au Donkey Sanctuary

L'âne était pourtant un bien si précieux qu'il est mentionné dans les Dix Commandements, qui interdisent de convoiter la femme de son prochain, son serviteur, sa servante, son bœuf ou son âne. D'après les grandes religions, l'âne de la Bible qui se plaignit à Baalam de ses mauvais traitements est l'ancêtre de celui sur lequel Mahomet partit en exil, et aussi de celui que le Christ montait en chemin pour la crucifixion.

à gauche et à droite, je parvins à dénicher une grande grange et une vaste étendue de terre d'ajoncs, en location auprès d'un parc champêtre local. Des ânes dans un état effrayant arrivaient peu à peu, et certains d'entre eux se détachent encore dans ma mémoire. Comme Hansel et Gretel, si maigres à leur arrivée qu'il fallait les aider à tenir debout. Leurs poils emmêlés couvraient une peau infestée de poux et de lésions infectées, et il fallut d'interminables mois pour les remettre en état. Il y avait aussi Timothy, dont les oreilles avaient été presque amputées par des jeunes s'exerçant au couteau à découper, et Crackers, attaché à un poteau dans des terres du nord de l'Angleterre et abandonné là. Il n'avait que très peu d'herbe à sa portée, et il avait finalement réussi à se libérer, se blessant un postérieur ce faisant. Il avait passé les six semaines suivantes à errer, affamé, jusqu'à ce que quelqu'un le prenne en pitié et qu'il finisse chez nous. Il y a tant d'histoires affligeantes que je pourrais en raconter encore et encore, indéfiniment.

Nous vendîmes notre maison près de l'hôtel pour acheter une ferme à Salcombe Regis, près de Sidmouth. Dès que cela nous fut possible, nous commençâmes à transférer les ânes depuis le parc où ils étaient stationnés. Beaucoup de gens du coin vinrent nous aider à ramener les ânes à pied du parc à la nouvelle ferme. Une promenade à laquelle tous prirent un grand plaisir, mais qui ne fut pas toujours de tout repos !

Dès le départ, je commençai à tenir un dossier à jour pour chaque âne confié à nos soins. Chacun recevait un nom, un numéro et un examen vétérinaire complet, réalisé par nos vétérinaires locaux, le tout soigneusement consigné. À la ferme, j'installai un espace d'isolement qui se révéla rapidement bien utile, puisqu'une épidémie de grippe équine se déclara peu de temps après l'arrivée des ânes. Nous faisions appel à un cabinet vétérinaire de St David's Hill, à Exeter, dont les vétérinaires se montraient pleins de compréhension pour nos nombreux problèmes et qui nous furent d'une aide incommensurable pour soigner les cas effroyables que nous accueillons, qui semblaient souvent pourtant sans espoir. Ils prirent en main le bien-être de nos ânes. Quant à moi, je suivais leurs instructions tout en continuant à chercher des fonds pour ma famille qui s'agrandissait un peu plus chaque jour. La tâche devenait de plus en plus lourde.

Nos ânes étaient toujours plus nombreux, et il devint nécessaire d'acheter une autre ferme. L'institution caritative se porta ainsi acquéreuse de Paccombe Farm, dans le hameau voisin de Harcombe, qui fut suivie au fil des ans par cinq autres fermes dans le Devon et à Dorset, et d'autres terres adjacentes à Slade House Farm au fur et à mesure qu'elles se libéraient. Les fermes restant proches du Donkey Sanctuary principal, les ânes demeuraient à distance raisonnable de nos vétérinaires et de la clinique vétérinaire construite en 1983 (l'une des fermes à Dorset fut d'ailleurs revendue plus tard, car elle se révéla à l'usage trop loin de Sidmouth).

Jadis, on soignait la coqueluche chez les enfants avec quelques poils arrachés sur la croix de Saint-André que les ânes portent sur le dos, que l'on enfermait dans un sachet à suspendre au cou de l'enfant.

J'avais (et ai toujours d'ailleurs) pour politique d'envoyer une lettre de remerciements à quiconque nous envoyait un don, quelle que soit son importance, et j'ai toujours demandé à nos membres d'envisager de faire un geste pour The Donkey Sanctuary dans leur testament. C'est ainsi qu'en 1990, les exécuteurs testamentaires de feu William Arthur Newton nous offrirent un présent très spécial. M. Newton avait précisé dans son testament qu'il souhaitait que sa ferme de Buxton, dans le Derbyshire, soit utilisée comme refuge pour les animaux, et plus particulièrement pour « les chevaux et les ânes malades, abandonnés ou risquant l'abattoir ». Les exécuteurs eurent la bonne idée d'en faire bénéficier The Donkey Sanctuary. La ferme, située dans une région centrale du Royaume-Uni, constituait un lieu de transit idéal, une étape où les ânes pouvaient se reposer durant les longs trajets du nord jusqu'au Donkey Sanctuary. Aujourd'hui, des ânes y résident de façon permanente et la ferme sert de centre de formation des potentiels adoptants et des ânes choisis pour l'asinothérapie.

En 1975, je me rendis en Irlande, où je rencontrai Garrett Barrett, qui dirigeait le refuge Richard Martin Restfields, dans le comté de Cork. Là, je pus être témoin du triste sort des ânes du pays, absolument horrible. Beaucoup étaient émaciés, avec des pieds en babouche dont les déformations dépassaient l'imagination. Le refuge manquait désespérément de fonds, particulièrement après les terribles orages hivernaux de 1976, et je proposai donc que le Donkey Sanctuary fasse don de 500 £, qui seraient affectés à la construction d'une nouvelle grange. Malheureusement, Garrett mourut brutalement en 1981 mais son fils Paddy reprit le flambeau et, le 1er août 1987, The Donkey Sanctuary racheta Restfields. Une deuxième ferme fut rachetée en 1996, où une clinique pour les ânes et une aire d'isolement furent installées. Employant désormais plus de quarante personnes, dont une équipe d'excellents travailleurs sociaux, nous nous occupons de 2 500 ânes en Irlande, mais il reste encore beaucoup de chemin à faire pour les ânes là-bas.

On estime la population mondiale des ânes et des mules à cinquante-neuf millions, dont la majorité se trouvent dans les pays pauvres. Les ânes servent au travail et sont fréquemment indispensables aux familles dans leurs tâches quotidiennes : porter de l'eau, ramasser du bois, cultiver la terre, transporter les produits de la récolte au marché. En vacances à l'étranger, j'ai souvent été horrifiée par la situation critique de nombreux ânes, travaillant dans des conditions atroces, amaigris par la charge parasitaire, et présentant, souvent parce qu'ils n'ont plus que la peau sur les os, des plaies et des blessures affreuses. C'est pourquoi en 1976, je fondai le International Donkey Protection Trust (IDPT), et commençai à lever des fonds pour mettre des projets sur pied, en faisant appel à du personnel local pour prodiguer des soins et des conseils vétérinaires aux propriétaires d'ânes dans les pays en développement.

Notre travail à l'étranger a connu une énorme expansion au fil des ans, et nous avons maintenant des équipes en place au Mexique (en association avec World Horse Welfare – anciennement International League for the Protection of Horses), ainsi qu'en Égypte, en Inde, au Kenya et en Éthiopie. Nous avons aussi

Les Irlandais disent qu'il y a trois choses dont on n'est jamais le maître : une mule, un cochon et une femme.
Dans le comté de Mayo circule une histoire à propos d'un âne qui appartenait à une vieille femme, et avait pour seule nourriture la semaine l'herbe qu'il trouvait le long de la route.
Mais le dimanche, dès que l'âne entendait sonner la cloche annonçant la messe, il se précipitait jusqu'aux portes du jardin de l'église. Les portes n'étaient ouvertes que durant le service, mais cela lui laissait largement le temps de festoyer d'herbe grasse et tendre. Cette habitude le rendit célèbre et on le laissa toujours profiter de son repas du dimanche.

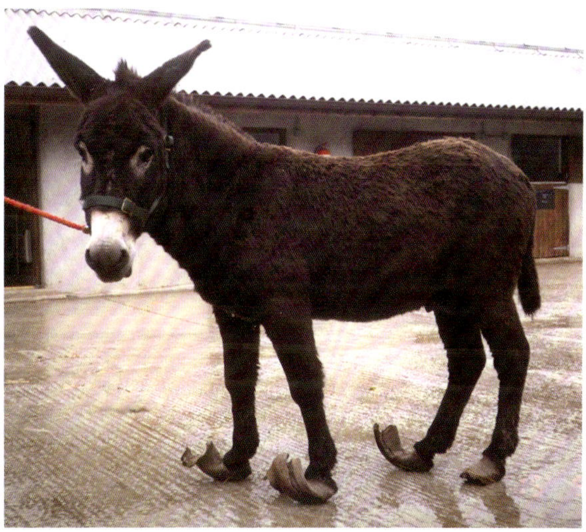

Des pieds négligés, problème commun à de nombreux ânes en Irlande

Au Moyen Âge, on soignait les affections oculaires en étalant du crottin d'âne frais sur les paupières.

Pour guérir la goutte, on attachait le sabot d'un âne sur le pied touché.

On dit que quiconque embrasse une mule est immunisé contre la scarlatine.

des projets en Chine, en Afrique du Sud, en Jamaïque et en Ouganda. Les équipes à l'étranger aident des milliers d'ânes, littéralement, en prodiguant gracieusement soins vétérinaires et conseils pratiques à des propriétaires pour qui cet animal est souvent un moyen de subsistance. Plus de 320 000 traitements ont été distribués à des ânes et à des mules dans le cadre de ces projets en 2007 : des soins aux coupures et aux blessures de harnachement à l'administration de médicaments pour soigner et prévenir les infestations parasitaires, en passant par des soins de maréchalerie pour soigner des pieds en mauvais état, la formation aux soins des ânes, y compris à l'amélioration du harnachement… Et la liste est encore longue.

Il y a tant d'ânes et de mules dans le monde en manque de soins et d'attention que nous organisons de plus en plus de programmes de formation destinés aux vétérinaires praticiens ou étudiants, aux propriétaires d'ânes et aux enfants afin que, au fil du temps, de plus en plus de gens prennent naturellement soin de leurs animaux, et que de plus en plus de vétérinaires dans chaque pays connaissent les bonnes réponses aux problèmes propres aux ânes et aux mules.

Non seulement les membres de notre personnel britannique se rendent régulièrement sur les projets à l'étranger pour les superviser, mais nous faisons aussi venir les vétérinaires impliqués dans ces projets, afin qu'ils observent par eux-mêmes notre travail au Donkey Sanctuary, qu'ils s'entraînent et qu'ils tirent des enseignements de notre travail.

En 2000, nous avons décidé de faire de The International Donkey Protection Trust une branche du Donkey Sanctuary afin d'économiser sur les frais administratifs, et en 2003, nous avons commencé à travailler en Europe, en commençant par mettre sur pied un centre de sauvetage nommé « El Refugio del Burrito » à Fuente de Piedra, près de Málaga, en Espagne. Le travail en Europe, supervisé par mon fils Paul Svendsen, en tant que directeur des opérations européennes, a connu depuis une expansion considérable, et nous possédons désormais deux fermes en Espagne. Un autre refuge a récemment été fondé en Italie, et nous

Des ânes du Refugio del Burrito

avons aussi repris une organisation de protection des ânes à Chypre. The Donkey Sanctuary enquête et surveille en Europe les manifestations telles que les festivals, les entreprises touristiques utilisant des ânes, les marchés et les conditions de transport des ânes en partance pour l'abattoir. Quand c'est nécessaire, l'organisation fait campagne pour les droits des ânes.

En 1986, j'ai publié le *Professional Handbook of the Donkey*, mon premier guide de l'âne à l'usage des professionnels et, peut-être pour la première fois, les informations que nous avions glanées au fil des ans ont été mises à la disposition de la profession vétérinaire. Le livre a été distribué dans les écoles vétérinaires du monde entier. Réactualisé de temps en temps, la quatrième édition étant parue en 2008, il est toujours gracieusement mis à la disposition des vétérinaires en exercice et des étudiants.

En 1976, mon amour des enfants tout autant que celui des ânes m'a incitée à mettre sur pied le Slade Centre, sur le domaine du Donkey Sanctuary. Les ânes sont d'une nature si calme et si gentille qu'ils sont parfaits pour travailler avec les enfants qui ont des besoins spéciaux et des handicaps ; monter un âne, le conduire en main, le toucher, le cajoler et lui parler a souvent pour eux des effets thérapeutiques qui font plaisir à voir. Cette initiative organisée dans la région de Sidmouth m'a amenée, en 1989, à créer la Fondation Elisabeth Svendsen pour les enfants et les ânes (EST), qui intégrait le Slade Centre, et nous a permis de proposer les mêmes services de thérapie-médiation pour les enfants dans des centres spécialisés aux quatre coins du Royaume-Uni. Des milliers et des milliers d'enfants présentant des besoins spéciaux ont bénéficié de ces aménagements dans nos centres de Birmingham, de Leeds et de Manchester, d'Ivybrudge près de Plymouth et, bien sûr, de Sidmouth. Nous travaillons actuellement à l'installation d'un sixième centre, cette fois en Irlande du Nord, grâce à la générosité et à la gentillesse de l'un de nos membres.

Dans l'Angleterre du XVIe siècle, on faisait parader les faillis à dos d'âne, assis à l'envers ; plus tard, il semble qu'on imposait la même humiliation aux hommes qui se laissaient mener à la baguette par leur épouse.

Asinothérapie au Slade Centre

Les enfants que nous accueillons dans nos centres présentent divers handicaps : difficultés d'apprentissage, handicaps physiques, troubles comportementaux, dommages cérébraux ou handicaps sensoriels. Les ânes leur apportent joie et plaisir ; par ailleurs, ils favorisent leur coordination et leur développement global, en y ajoutant l'aspect éminemment gratifiant de l'apprentissage de l'équitation.
L'interaction des ânes avec les enfants est stupéfiante. Ils ont sur eux un effet apaisant immédiat, et les enfants leur vouent spontanément une grande affection. Même l'enfant le plus perturbé, le plus agité ou le plus renfermé se détend en caressant un âne et en lui parlant. Un secret murmuré à l'oreille d'un âne est assurément bien gardé, mieux qu'avec n'importe quel humain ! Et l'acquisition de compétences nouvelles dans un environnement sûr et bienveillant rend l'asinothérapie amusante. La simplicité et l'accessibilité des objectifs de chaque séance motivent l'enfant, et accroissent la confiance en soi et l'estime de soi qui font souvent défaut aux enfants à leur première visite aux centres. Par ailleurs, monter améliore aussi leur équilibre et leur dextérité.
Ces dernières années, l'EST a entamé un travail en externe depuis chacun de ces centres : nous emmenons un ou deux ânes dans des écoles spécialisées, centres pour handicapés, des maisons de retraite et de convalescence, et des hospices de la région. Une initiative très appréciée, particulièrement par les patients grabataires et les personnes âgées, à qui l'apparition d'un âne à leur chevet procure du plaisir et redonne goût à la vie.
Notre département vétérinaire a lui aussi énormément grandi au fil des ans, avec des installations techniques de première classe, des unités de mise en quarantaine et de pathologie. Nous employons sept vétérinaires, et nous faisons régulièrement venir des vétérinaires impliqués dans nos projets internationaux pour étudier la pratique au Royaume-Uni. Notre clinique vétérinaire, conçue spécialement pour les ânes, offre aussi gracieusement un service d'analyses hématologiques et biochimiques (échantillons sanguins et fécaux) à tous les vétérinaires du Royaume-Uni et se tient prête à prodiguer des conseils vétérinaires à propos des ânes dans le monde entier, vingt-quatre heures sur vingt-quatre et sept jours sur sept.
The Donkey Sanctuary a toujours suivi une politique de programmes de recherche non intrusive en association avec les écoles vétérinaires. Nous prenons part entre autres à des études sur les pathologies du pied chez l'âne, les sarcoïdes (tumeurs cancéreuses), le statut du gène P53 et son rôle dans la thérapie génique, la cartographie du génome de l'âne, l'histocompatibilité, la détermination de l'âge de l'âne d'après la dentition, l'épidémiologie des coliques occlusives, la nutrition, l'épidémiologie de la trypanosomiase animale chez l'âne au Kenya, le comportement, les paramètres physiques de l'âne et la parasitologie. Les projets actuels incluent l'étude des pathologies dentaires chez l'âne, l'enrichissement de l'espace de vie de nos ânes et la recherche de nouveaux moyens de contrôle des parasites dans notre troupeau britannique. Par ailleurs, nous allons financer un nouveau projet sur trois ans au Royal Veterinary College : l'étude et la reconnaissance de la douleur chez l'âne. Les ânes seront observés de près, avec notamment un circuit fermé de télévision pour étudier leur comportement et leur récupération (quand ils se pensent seuls !) de pathologies potentiellement douloureuses telles que la fourbure.
Nous avons organisé des sessions de formation professionnelle continue (FPC) au Royaume-Uni et à l'étranger, et d'autres sont à venir. Nous permettons aux

vétérinaires des pays en développement de prendre part à ces sessions en leur payant les frais. En 2006, nous avons organisé le 5e colloque international sur les équidés au travail à Addis-Abeba. Nous poursuivons notre nécessaire travail d'éducation des propriétaires d'ânes à l'étranger. Au Royaume-Uni, nous développons continuellement notre travail de formation à l'intention de la profession vétérinaire grâce à des conférences et au partage des informations recueillies sur la santé et le bien-être des ânes.

Nous surveillons les exploitants de plage et les organisateurs de courses d'ânes et en 2007 nous avions plus de 1 000 ânes placés dans de bons foyers d'accueil au

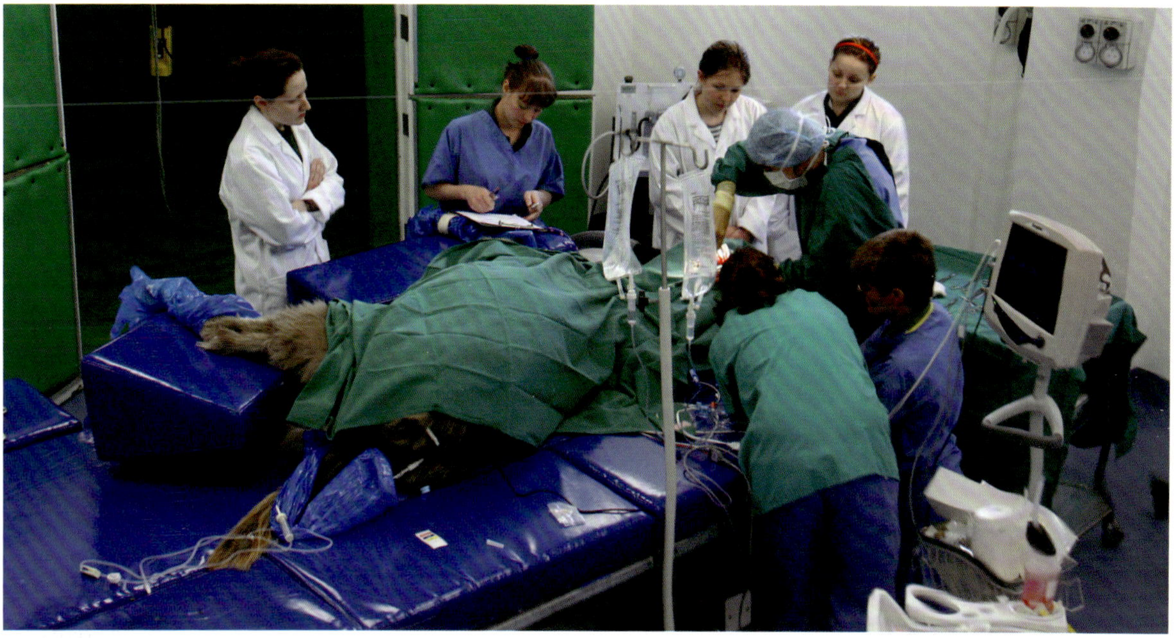

Personnel vétérinaire au travail à l'hôpital

Formation d'étudiants étrangers en Éthiopie

Royaume-Uni, et 450 de plus en Irlande. Aujourd'hui, nous comptons quarante-cinq responsables de la protection animale au Royaume-Uni et en Irlande, qui se tiennent prêts à enquêter suite aux signalements de cas de mauvais traitements ou de négligence, ainsi qu'à aider les propriétaires d'ânes, à titre consultatif, et à vérifier que tout se passe bien pour les ânes dans leurs maisons d'accueil. Des conseils et des sessions de formation gratuites sur les soins et la gestion des ânes sont proposés.

The Donkey Sanctuary est désormais l'une des plus importantes institutions caritatives pour les animaux au Royaume-Uni. Environ 200 000 personnes franchissent chaque année nos portes pour voir notre travail et faire connaissance avec nos ânes. Nous ne faisons pas payer de droit d'entrée, car nous avons toujours été d'avis que ceux qui nous aident par leurs dons ont le droit de contempler les fruits de notre travail de leurs yeux sans avoir à payer leur visite ! Nos frais d'administration et de collecte de fonds sont très faibles (8,4 % des fonds en 2007) car, comme vous l'avez peut-être déjà deviné, nos ânes sont notre priorité première… Mais aussi la deuxième et la troisième ! En sus de la compilation de mon guide à l'usage des professionnels, j'ai écrit plus de trente-cinq ouvrages, dont trois autobiographies et livres pour enfants. Nous avons mis sur pied en 2001 une société commerciale, Donkey World Ltd, qui vend des articles en rapport avec les ânes pour aider à lever des fonds pour notre famille toujours plus nombreuse : depuis Naughty Face en 1968, le nombre d'ânes que nous avons pris sous notre aile, au Royaume-Uni et en Irlande, a connu une croissance exponentielle : d'un âne, nous sommes passés à 13 000 !

Elisabeth Svendsen recevant son diplôme honoraire

Pour l'avenir, nous devons nous consacrer à l'éducation, encore et toujours. Je suis sûre que les méthodes de diffusion d'informations éducatives vont grandement évoluer à l'avenir, grâce à notre site Web www.thedonkeysanctuary.org.uk. Internet est disponible même dans les pays les moins développés, nous permettant de toucher plus de gens que jamais. Dans le sud-ouest de la Grande-Bretagne, nous sommes à même d'offrir aux écoles et aux clubs l'occasion de donner aux enfants (ainsi qu'à leurs professeurs et à leurs responsables) une expérience de première main dans les soins et la conduite des ânes en main.

Dans les pays en développement, les machines modernes vont supplanter de nombreux ânes mais ils resteront toujours indispensables dans les pays pauvres et dans les contrées isolées. Nous ne devons pas ignorer l'impact socio-économique de l'âne. L'amélioration des soins vétérinaires prodigués aux animaux de travail a aussi des répercussions sur la vie des gens les plus pauvres. Je suis fière de nos efforts d'éducation, non seulement de la profession vétérinaire mais aussi des propriétaires d'ânes en Grande-Bretagne et à l'étranger.

Nous surveillons les pratiques en matière de transport de chevaux et d'ânes pour l'abattage, s'effectuant

Les ânes sont encore utilisés aujourd'hui dans certaines zones de guerre. En Afghanistan, où le terrain est souvent escarpé, les ânes servent à transporter les armes, et des combattants tirent même parfois des missiles à dos d'âne. En hommage aux nombreux animaux morts à la guerre, un mémorial a été érigé à Park Lane à Londres. Il porte cette inscription principale : « Ce monument est dédié à tous les animaux qui ont servi et sont morts aux côtés des forces britanniques et alliées dans les guerres et les campagnes militaires au fil du temps. » Une seconde plus petite ajoute : « Ils n'avaient pas le choix. » Devant la façade occidentale du mémorial, deux statues de mules lourdement chargées montent les marches.
Si vous avez un jour l'occasion de rendre visite à ce mémorial, vous verrez le nom d'Elisabeth Svendsen inscrit sur le mur honorant « ceux qui sont tombés ».

Elisabeth Svendsen devant le monument en mémoire des animaux tombés pendant la guerre

souvent dans les conditions les plus inhumaines qui soient, dans certains pays d'Europe et plus particulièrement ceux de l'Est.
Sur un plan personnel, je crois que mon souvenir le plus inoubliable fut ce jour de décembre 1980 où j'appris que j'avais été faite Membre de l'Ordre de l'Empire britannique, et cet autre jour d'avril 1981 où je me rendis avec ma famille à Buckingham Palace pour recevoir cet honneur des mains de la Reine. Je me souviendrai toujours aussi de ce jour de 1992 où je reçus un doctorat honoraire en médecine et chirurgie vétérinaire de l'université de Glasgow. Ce grand honneur qui m'a été fait a, par ailleurs, été très bénéfique pour la stature internationale du Donkey Sanctuary.
J'espère que ce livre vous apprendra comment assurer le bien-être des ânes et vous donnera une idée de ce que nous avons réalisé à ce jour dans le monde. J'ai reçu pour le rédiger beaucoup d'aide des membres du personnel du Donkey Sanctuary, aux connaissances désormais accomplies dans leurs divers domaines de spécialité, et d'amis ou de connaissances avertis.

Elisabeth Svendsen avec quelques-uns de ses chers protégés

Vous trouverez à la fin de cet ouvrage une rubrique de remerciements, mais je souhaiterais d'ores et déjà mentionner quatre contributeurs en particulier.

Bill Tetlow est un ami de longue date. Nous avons siégé ensemble à des douzaines de réunions du conseil de la Donkey Breed Society dans les années 1970. En sa qualité d'amoureux des ânes et de propriétaire avec une vaste expérience de ces animaux, Bill a écrit un chapitre très pratique sur The Donkey Breed Society dans la version anglaise de cet ouvrage. Il est actuellement un membre du conseil d'administration du Donkey Sanctuary, après avoir travaillé en tant que responsable de la protection animale pour nous pendant des années, et il a donné une multitude de conférences sur les ânes au cours de sa vie.

Je connais aussi Rosemary Clarke depuis longtemps. C'est une autre grande experte des ânes, et son chapitre sur l'élevage et les soins des ânons seront une aide précieuse pour beaucoup de lecteurs.

Bob Camac est un ami personnel qui possède des trésors de connaissances sur tous les aspects de l'âne et de ses besoins, et il a très gentiment accepté de rédiger un chapitre sur les origines de l'âne. Bob est un pilier de la Donkey Breed Society et a été membre du conseil d'administration de l'IDPT pendant des années.

Enfin, je remercie du fond du cœur Sue Arland, sans l'aide, le temps et la patience de laquelle ce livre n'aurait pu voir le jour.

Malheureusement, j'ai eu en 2006 deux petites attaques et décidé que, dans l'intérêt du Donkey Sanctuary, il valait mieux nommer un nouveau directeur général. Les membres du conseil d'administration ont choisi pour ce poste David Cook, soutien de longue date de l'institution caritative, qui a pris ses fonctions en mai 2007 et qui fait merveille depuis dans son nouveau rôle. En tant que fondatrice, je continue de vaquer à des occupations moins stressantes, et je continuerai tant que je le pourrai.

J'espère que nous avons réglé les problèmes des ânes au Royaume-Uni, mais il reste encore beaucoup à faire, particulièrement dans les pays en développement. Chaque jour est porteur de nouveaux enseignements et notre travail a encore de longues années devant lui.

CHAPITRE 1

LES ORIGINES DE L'ÂNE

Si vous observez attentivement un groupe d'ânes, vous ne pourrez que constater leurs différences de taille, de morphologie, de couleur, de marques et même de texture de poil. Il serait donc surprenant qu'ils partagent un seul et même ancêtre commun ou qu'ils soient tous originaires de la même région du monde. Pour être brève, une histoire de l'âne se doit forcément de rester générale mais, avant de découvrir qui étaient ses ancêtres, où ils vivaient et à quoi ils ressemblaient, vous devez apprendre quelques petites choses sur les caractéristiques de l'âne en Europe aujourd'hui.

Le gris, décliné dans diverses nuances, est la couleur prédominante, mais les ânes bruns ne sont pas rares. Ils peuvent aussi être noirs, rouans (poils blancs et bruns mélangés), pie ou mouchetés, une combinaison de marques brunes et blanches ou noires et blanches, robe très prisée dans les années 1960 mais moins à la mode aujourd'hui. Enfin il y a les couleurs plus rares, blanc et alezan. La croix de Saint-André, typique des ânes, est plus visible sur les animaux gris et bruns, moins distincte sur les couleurs plus claires, invisible sur les ânes noirs et absentes sur les ânes blancs et mouchetés. Mais, comme c'est souvent le cas avec l'âne, il y a toujours des exceptions !

La taille étant importante, il serait utile de se faire une idée de la hauteur de l'âne, que l'on toise parfois en « mains », chaque main faisant la largeur moyenne d'une main d'homme, soit 10 cm environ. La mesure est prise au garrot, c'est-à-dire le point le plus haut des épaules de l'âne, là où l'encolure rejoint le dos. La plupart des ânes que vous aurez l'occasion de voir toisent entre 9 ½ et 11 mains (96 cm et 112 centimètres environ).

Venons-en maintenant à sa généalogie. Ses ancêtres étaient des ânes sauvages d'Afrique et d'Asie. L'Afrique abritait deux espèces distinctes : l'âne de Nubie, de 1 m 20 environ, vivant au nord du continent, entre la côte méditerranéenne et le désert du Sahara, et l'âne de Somalie, toisant 1 m 40, originaire de plus à l'est jusqu'au sud de la mer Rouge. L'âne sauvage de Nubie portait sur l'épaule une croix de Saint-André très peu marquée, très courte ou très fine, et n'avait pas de zébrures sur les membres. À l'inverse, l'âne sauvage de Somalie n'avait pas de croix de Saint-André, mais arborait en revanche des zébrures bien visibles sur les membres. Les contrées où ils vivaient étaient chaudes et sèches ; il y avait donc très peu de différence entre leur poil d'hiver et leur poil d'été. En hiver, tous deux étaient gris. La robe d'été de l'âne de Nubie était rougeâtre et celle de l'âne de Somalie jaunâtre.

Dans l'Égypte antique, l'âne était le principal animal de bât. L'âne sauvage d'Afrique fut domestiqué aux alentours de 4 000 avant J.-C. Vers 1 800 avant J.-C, il était arrivé jusqu'au Moyen-Orient, où l'on surnommait la ville marchande de Damas « la Cité des Ânes » dans les textes cunéiformes. En Syrie vivaient au moins trois races d'ânes, dont une race de selle aux allures souples et gracieuses.

La branche asiatique de l'espèce occupait une région bien plus vaste, s'étirant de la mer Rouge à l'Inde du nord et au Tibet, où elle dut s'adapter aux différences de climat, de terrain et d'altitude. En conséquence, il est difficile de parler d'un type unique pour l'âne sauvage d'Asie. Plus on allait loin vers l'est, plus l'âne devenait grand, lourd et fort. L'âne sauvage de Syrie toisait moins de 1 m. Son voisin à l'est était l'onagre, à la robe claire et au pied agile, qui atteignait 1 m 20. Plus à l'est encore, le kulan était plus grand de 5 cm, plus foncé de robe avec une raie de mulet très large et très marquée sur le dos, et se couvrait en hiver d'un poil dru. comme tous les autres ânes sauvages d'Asie, il n'arborait pas de bande scapulaire. Enfin venait le plus grand et le plus lourd de tous les ânes sauvages d'Asie, le kiang haut de 1 m 40, vivant sur le plateau tibétain au nord de l'Himalaya et capable de s'adapter à des climats extrêmes. Il présentait certains traits plus proches du cheval que nos ânes domestiques, par exemple des oreilles plus courtes et des sabots plus ronds.

L'âne sauvage de Somalie (Equus africanus somalicus)
© Pat Morris/ardea.com

Le kiang (Equus kiang)
© Joanna Van Gruisen/ ardea.com

L'onagre (Equus hemionus onager)

Il semble que les ânes aient été domestiqués sur le sous-continent indien à l'époque médiévale (Arthasastra de Kautilya, 381 à 186 avant J.-C.). La littérature ancienne accessible d'Inde et d'autres civilisations, de la période védique aux périodes épique, puranique et médiévale, ainsi que les études modernes, révèlent l'existence d'ânes en Inde. Les ânes étaient domestiqués pour le travail dans la civilisation de la vallée de l'Indus, sur le sous-continent indien, qui s'étendait jusqu'à Harappa, Mohenjo Daro et certaines régions du Gujarat, du Rajasthan et du Haryana. Selon les archives, l'âne existait peut-être à la période épique du Ramayana (aux alentours de 7 300 avant J.-C.) Les récits mythologiques racontent que la déesse Kali/Durga utilisait l'âne comme moyen de transport.

Beaucoup de ces pays étaient traversés par la route marchande qui s'étendait de l'océan Pacifique à la mer Méditerranée, portant le romantique nom de « route de la Soie ». Le périple durait plusieurs années et aucun animal ne pouvait terminer le voyage dans son entier. Les ânes figuraient parmi les animaux de trait utilisés et, avec les accouplements inopinés au travers des territoires des divers ânes sauvages de l'Asie, le croisement des races au fil des ans que durait le voyage ne fait aucun doute. Portant les précieuses balles de soie, les ânes arrivaient à Alexandrie. *Via* l'Asie mineure, les ânes parvinrent en Grèce, où l'âne était associé au dieu du vin Dionysos, originaire de Phrygie ou de Thrace, et ils se révélèrent être les animaux rêvés pour travailler sur les sentiers étroits sinuant entre les vignes. Leur utilisation dans la culture du raisin se répandit dans tous les pays de la Méditerranée jusqu'à l'Espagne, dont la côte, à sa pointe sud, ne se trouve qu'à quelques dizaines de kilomètres de l'Afrique du Nord.

L'Italie était au nombre de ces pays méditerranéens et, aux côtés de l'armée romaine, l'âne voyagea au travers de tout l'Empire romain en tant qu'animal de bât. Plus tard, il servit à l'agriculture et dans les nouveaux vignobles que les Romains plantèrent plus au nord, jusqu'en France et en Allemagne. Il était aussi un animal sacrificiel. Avec l'invasion romaine de la Grande-Bretagne, les ânes firent leur entrée au Royaume-Uni. Pendant 1 500 ans, personne ne s'en soucia, une situation que l'on retrouva, quoique plus brièvement, au XXe siècle.

Le saviez-vous ?

Un équipage de soixante-quatre mules tirait le char funèbre qui porta le corps d'Alexandre le Grand de Babylone à Alexandrie.

Les mules de l'empereur Néron portaient des fers d'argent. Sa femme, l'impératrice Poppée, avait coutume de se baigner dans du lait d'ânesse et elle gardait à cette fin cinq cents ânesses qui étaient régulièrement traites. Ses mules étaient ferrées d'or.

Pourquoi les ânes attirèrent-ils soudainement l'attention, et pourquoi devinrent-ils subitement nécessaires ? La réponse tient en un mot : la guerre. Pendant des centaines d'années, il avait été difficile de fournir des chevaux pour répondre à la demande de chair à canon. Ils étaient soit réquisitionnés par l'armée, soit saisis au titre du paiement des impôts. Dès le XVIe siècle, les chevaux étaient devenus rares et chers. Les fermiers désespérés avaient besoin d'un remplaçant, et ce fut, en Angleterre et au pays de Galles, l'âne jusque-là ignoré. Des années après, à la fin du XIXe siècle, les ânes du pays de Galles étaient devenus très recherchés et se vendaient au prix fort.

Nous n'avons pas encore parlé de l'Irlande, qui est pourtant pour beaucoup le berceau de l'âne. Là encore, ce furent les guerres d'Angleterre, cette fois avec les Irlandais, qui amenèrent l'âne en Irlande avec l'armée d'occupation. Dans ce pays aussi, l'armée commença à acheter les chevaux bon marché requis pour les autres guerres de l'Angleterre, tandis que les fermiers irlandais n'étaient que trop heureux de prendre l'argent, remplacer leurs chevaux par des ânes moins chers, et éventuellement cacher le solde sous leur matelas !

En Écosse, l'âne n'a jamais été aussi communément utilisé, probablement pour deux raisons : les hivers froids, à l'encontre du climat modéré quoique humide de l'Irlande, et les immenses forêts d'Écosse, très différentes de l'habitat d'origine de l'âne.

Si l'âne, et particulièrement l'âne blanc, a parfois appartenu à des nobles et même à des rois, il restait en Angleterre et au pays de Galles le « cheval du pauvre ». Il coûtait peu cher à l'entretien, au moins jusqu'à la fin du XVIIIe siècle et la promulgation des Enclosure Acts, qui abolirent les droits de pacage et de glane des petits fermiers et habitants sur des espaces communs et ouverts à tous. Les fermiers se plaignaient qu'« on ne faisait pas d'argent en élevant des ânes », une lamentation que devaient reprendre les éleveurs d'ânes dans les années 1970. L'élevage de mules, par le croisement d'un âne étalon avec une jument ou une ponette, s'avéra plus lucratif. Le New Forest, dans le Hampshire, était un pôle d'élevage de mules, la région étant proche du port de Southampton d'où les jeunes mules étaient expédiées pour les États-Unis d'Amérique. Toutefois, elles étaient petites et de qualité médiocre, et pour produire des animaux plus lourds, plus aptes à travailler dans ce pays, l'âne du New Forest fut remplacé comme étalon par l'âne d'Espagne ou de Malte, plus grand.

L'âne connut son apogée en Grande-Bretagne au XIXe siècle, servant dans les fermes mais aussi de plus en plus dans les villes, comme animal de bât. En Irlande, l'âne portait la tourbe des tourbières et tirait les charrettes pleines de pommes de terre ou de fibres de lin à tisser en lin irlandais. Dans les stations thermales à la mode, les ânes transportaient des dames corpulentes jusqu'aux eaux. Sur les plages, ils promenaient les jeunes visiteurs. Dans les régions minières, les mineurs de charbon se rendaient à dos d'âne au travail. Les ânes tiraient les tondeuses sur les pelouses des maisons bourgeoises et les charrettes à ordures des municipalités. Ils portaient le linge et livraient le lait. À Londres, un troupeau d'ânesses laitières faisait chaque jour la tournée d'élégants quartiers résidentiels : les ânesses étaient traites dans la rue pour fournir en lait d'ânesse les enfants des familles aisées. Pour le commerçant prospère et le marchand des quatre saisons londonien, la charrette à âne en vint à remplacer les paniers et les charrettes à bras. Des centaines d'ânes arrivaient attelés sur les marchés, les charrettes remplies de fruits, légumes et poissons frais et, les jours de congé, l'âne emmenait toute la famille en promenade. Toute cette activité suscita un commerce prospère autour de cet animal. Sur le marché aux bestiaux d'Islington, des milliers d'entre eux trouvaient de nouveaux propriétaires chaque année, et un besoin régulier d'ânes pour quelques semaines ou même quelques jours faisait de la location un négoce florissant. Les ânes étaient présentés au Salon international du cheval et au Royal Show, le plus grand salon agricole du Royaume-Uni, et des salons spécialement consacrés à l'âne étaient organisés à Islington. Mais les temps allaient changer.

Ânesse laitière par Frank Meadow Sutcliffe (reproduit avec l'aimable autorisation de la Sutcliffe Gallery)

À la guerre, il n'y avait plus de charges de cavalerie, et les massacres cessèrent donc. Les chevaux se multiplièrent et l'on cessa d'avoir besoin d'ânes pour les remplacer. Mais l'invention du moteur à combustion interne mit en danger les deux espèces, et marqua la fin du rôle de l'âne comme animal de travail, en conséquence de quoi, il y a une soixantaine d'années, la population d'ânes en

Grande-Bretagne n'était plus estimée qu'à une centaine. Un chiffre certainement absurde, ne serait-ce qu'à cause du nombre de villes balnéaires où les promenades à dos d'âne sur la plage demeuraient une attraction très populaire. Cette estimation au doigt mouillé a cependant son importance, en ce qu'elle montre l'indifférence qu'il suscitait. À quoi bon un chiffre plus précis ? L'âne était retourné dans les limbes de l'oubli. Cette situation perdura jusqu'aux environs de 1963 ; c'est alors qu'un retournement inattendu se produisit. Des centaines d'ânes irlandais furent importés pour répondre à la demande de nouveaux propriétaires désireux d'acheter un âne. Pour le travail ? Non. Pour la première fois en des milliers d'années de domestication, on n'avait plus besoin de l'âne comme animal de travail. C'était devenu un animal de compagnie.

La plupart du temps, l'âne était le premier équidé que ces nouveaux acheteurs aient jamais possédé, mais leur enthousiasme et leur désir d'apprendre pallièrent rapidement leur manque de connaissances en matière de soins des ânes. Ils achetaient des livres. Ils assistaient à des conférences. Ils rejoignaient la toute jeune Donkey Breed Society (alors appelée Donkey Show Society). Ils apprenaient tout ce qu'il y avait à savoir sur l'alimentation, le pansage, les soins des pieds. Ils s'attendrissaient devant les ânons, et cherchaient un étalon convenant à leur ânesse, se renseignaient sur les soins particuliers dont elle aurait besoin quand elle serait gestante ou les besoins de l'ânon dont ils auraient ensuite à s'occuper. Tout ce savoir nouveau permit une impressionnante amélioration de l'état et de la condition des ânes. Les propriétaires présentaient leurs animaux dans les salons du cheval et les salons agricoles, qui commençaient désormais à organiser des concours exclusivement réservés aux ânes, et ils les faisaient inspecter pour les inscrire au nouveau stud-book (livre généalogique) afin de leur donner des papiers. Les enfants les montaient. Les adultes les menaient, parfois dans d'élégants attelages bien plus munificents que tout ce qu'avait pu connaître l'âne auparavant. Les ânes jouissaient tout à coup d'une immense popularité et comblaient de bonheur leurs propriétaires, leurs familles et leurs amis, ainsi que le grand public.

Mais quand les temps sont durs et qu'une famille se voit contrainte de réduire la voilure, l'avenir d'un animal de compagnie est plus en péril que celui d'un animal qui travaille et gagne chaque jour sa pitance. Le chômage et les licenciements provoqués par les récessions entraînèrent une chute du nombre de propriétaires, et l'élevage diminua, corrigeant la tendance au surnombre des années précédentes. Cette nouvelle situation, qui dure déjà plusieurs années, n'est toutefois pas insatisfaisante. Bien qu'ils soient moins nombreux, les propriétaires d'ânes aujourd'hui se montrent des amoureux des animaux responsables et dévoués. L'attention qu'ils leur portent se reflète dans la prise de valeur sur le marché des animaux solides et en bonne santé. Certains arguent que quelles que soient les améliorations apportées à la race, ce nouveau statut n'a rien de naturel pour l'une des espèces d'animal de travail les plus anciennes au monde. Quel en est le but ? Ne serait-il pas plus simple d'améliorer la race en introduisant une espèce étrangère plus grande ? Ou ces améliorations ont-elles uniquement vocation à fournir un gentil animal de compagnie ?

Le caractère amical de l'âne transparaît on ne peut plus visiblement lorsqu'il est en troupeau. Les ânes ont toujours séduit, notamment les enfants. L'âne est

Ânes de promenade sur les plages

omniprésent dans le paysage des plages britanniques depuis avant la Première Guerre mondiale. Au fil des ans, les conditions de travail des ânes destinés aux balades sur la plage se sont améliorées, grâce au travail du Donkey Sanctuary et d'autres institutions caritatives équines et des conseils municipaux – et avec la coopération pleine de bonne volonté de nombreux exploitants de plage. Il arrive que les stands se soient transmis dans la famille sur quatre générations. Un code de déontologie de l'âne de travail, compilé avec la coopération du Conseil de Blackpool (dont la plage est celle qui, au Royaume-Uni, en accueille le plus grand nombre) et appliqué depuis quelques années à peine, a récemment été mis à jour et validé par la BEVA, l'association des vétérinaires équins de Grande-Bretagne. Ce code est destiné à toutes les autorités locales ayant des ânes destinés à la promenade sur les plages sous leur juridiction, avec vocation d'harmonisation des standards de soins et de bien-être dans tout le Royaume-Uni. Il comporte des recommandations comme celles-ci :

1. Les ânes ne doivent pas travailler plus de six jours par semaine, avec un jour de repos complet.
2. Les ânes doivent disposer d'une heure de pause quand ils travaillent de longues périodes d'affilée.
3. Les cavaliers ne doivent pas peser plus de 51 kilos.

Aujourd'hui, les gens qui optent pour l'attelage sont plus nombreux, et il faut pour cela un âne en forme et actif. À l'origine cependant, rares étaient les propriétaires qui manifestaient un intérêt pour cette discipline mais la popularité de l'attelage, notamment des concours, ne cesse de croître. L'expertise des meneurs est désormais de si haut niveau que lors de la réunion inaugurale du club d'attelage à quatre, le Four in Hand Club, dans le New Forest en 1996, sur les trente-trois inscrits, deux étaient des attelages d'ânes.

Beaucoup de propriétaires n'ont pas d'autre but que la joie de posséder un âne et de s'en occuper, pour que toute la famille puisse s'amuser avec. Maintenant que les ânes ne sont plus nécessaires à leurs activités d'antan, quel mal peut-il y avoir à ça, tant que ces familles sont conscientes de la responsabilité qu'elles assument ? C'est une situation nouvelle, mais elle a l'avantage d'avoir évité que l'âne ne redevienne la pauvre créature négligée dont personne ne se souciait. Pourtant, nous n'étions pas au bout de nos surprises avec l'âne, puisqu'il a attiré l'attention pour un autre rôle encore dans notre univers mécanisé : de par son tempérament, il s'est révélé admirablement bien adapté aux approches médicales modernes du travail avec les handicapés physiques et mentaux, qu'il soit attelé, monté ou simplement tenu en main pour être cajolé et caressé. Dans ce rôle mineur mais qui gagne de l'ampleur, l'âne s'est trouvé au XXIe siècle une nouvelle mission : aider les laissés pour compte de ce qu'on appelle le progrès, et plus particulièrement les enfants ayant des besoins spéciaux.
Tout cela est certes bien différent de tout ce qu'a connu l'âne au cours de sa longue histoire. Mais quelle serait sinon l'alternative aujourd'hui ? Et, à condition qu'on évite à l'avenir l'élevage en surnombre, a-t-on vraiment besoin d'une alternative ?

Avec tous mes remerciements à Bob Camac pour sa contribution à ce chapitre.

CHAPITRE 2

ALORS COMME ÇA, VOUS VOUDRIEZ UN ÂNE ?

Être propriétaire d'un âne ou s'en occuper, c'est très gratifiant, mais peu de gens réalisent le temps, les efforts et les frais que nécessite l'entretien de ces adorables créatures. S'ils reçoivent l'attention qu'ils méritent, ils peuvent être des animaux très affectueux, et se sont révélés avoir d'exceptionnelles vertus apaisantes et thérapeutiques. En fait, ils peuvent aussi être un tonifiant très efficace !
Voici plusieurs points à considérer avant d'acquérir un âne :

- **Pourquoi voulez-vous un âne ?**

On peut vouloir un âne pour une multitude de raisons : comme animal de compagnie pour soi ou pour d'autres animaux, pour le monter ou l'atteler, pour le présenter en concours, pour travailler sur une petite exploitation ou dans une optique d'élevage. De la raison pour laquelle vous désirez un âne dépendra le type qui vous convient, que ce soit en termes d'âge, de sexe, de niveau de dressage ; bien entendu, votre propre expérience et votre propre niveau joueront aussi sur les critères de choix d'un âne adapté à vos besoins.

- **Êtes-vous prêt à avoir au moins deux ânes ?**

Les ânes sont capables de forger des amitiés indéfectibles et n'aiment pas rester seuls. Deux ânes peuvent se lier au point que la séparation soit une source de grande anxiété. Il n'est pas conseillé de prendre un seul âne comme compagnon pour un cheval ou un poney, l'âne pouvant devenir angoissé quand son ami part en promenade. Un âne seul a par ailleurs tendance à braire dans l'attente de la réponse de congénères à proximité. Les ânes qui vivent seuls peuvent nouer des liens avec d'autres animaux, par exemple des moutons, des poneys, des vaches, des chèvres, des oies, des poules ou des chiens, et ces liens avec d'autres espèces peuvent être aussi forts que ceux qu'ils nouent avec un autre âne ; dans la mesure

Les ânes sont des animaux affectueux

du possible, ils ne doivent donc pas être séparés. Deux ânes vivront heureux ensemble, ou au sein d'un groupe d'autres équidés. Ils préfèrent la compagnie de leur propre espèce, mais ils se prendront d'amitié pour tout animal mis à leur disposition. N'oubliez pas cependant que s'ils forgent un lien avec un animal dont la durée de vie est moindre, la mort de celui-ci risque de mettre l'âne au désespoir.

Deux amis

• Disposez-vous du temps nécessaire et êtes-vous prêt à vous engager comme il convient pour vous en occuper ?

Les ânes ont besoin de soins et d'une attention régulière et, bien que leur durée de vie moyenne en Grande-Bretagne soit de vingt-sept ans, il leur arrive de vivre une cinquantaine d'années. Si vous achetez un âne comme animal de compagnie pour un enfant, vous devez vous demander si vous voudrez, ou même pourrez, vous en occuper quand les enfants auront grandi et quitté la maison. Curer une stabulation, ramasser le crottin dans les prés, panser et, plus généralement, vous occuper de la santé de l'animal : autant de tâches qui peuvent représenter une bonne heure de travail par jour.

• Disposez-vous d'un demi-hectare de pâturage clos avec un abri, une alimentation en eau douce et l'électricité ?

Il faut au minimum un demi-hectare pour deux ânes et ils doivent toujours partager une stabulation avec leur compagnon. Comptez environ neuf mètres carrés d'espace couvert pour une paire d'ânes. À l'encontre des chevaux, les ânes ne possèdent pas de dépôt de graisse naturelle imperméabilisant les poils, de sorte qu'ils doivent toujours avoir accès à un abri ou à une stabulation. L'abri doit aussi les protéger du vent et du soleil.

- **Avez-vous à disposition un vétérinaire et un maréchal-ferrant prêts à assurer leurs soins de routine ?**
- **Avez-vous un fournisseur de foin et de paille ?**
- **Disposez-vous d'un espace de stockage du foin et de la paille pour les mois d'hiver ?**
- **Pouvez-vous vous débarrasser régulièrement du fumier ?**
- **Avez-vous les moyens financiers d'entretenir un âne ?**

Le coût de la possession et de l'entretien d'un âne

Le coût annuel de l'entretien d'un âne va de 570 à 1200 euros. Vous devez aussi prévoir une réserve adéquate en cas d'urgence, pour faire face aux factures vétérinaires imprévues. Nous vous recommandons également une assurance responsabilité civile.

Équipement indispensable

Électrificateur de clôture	100 euros
Piquets de clôture en plastique 90 cm (sur la base d'un pré de 5 000 m² avec clôture pleine sur tout le périmètre) – 15 piquets pour un pré carré	20 euros
Ruban de clôture électrique – Rouleau 200 m	25 euros
Piles de clôture	30 euros pièce
Brouette de jardin	90 euros
Fourche	20 euros
Pelle	15 euros
Balai d'écurie	15 euros
Râteau et pelle à crottin	25 euros
Kit de pansage (brosse en chiendent, brosse douce, étrille en plastique, cure-pied, bac/boîte de pansage, coton/éponges, ciseaux)	15 euros
Seaux (au minimum deux)	6 euros

Mise de fonds initiale, approximativement : 350 à 500 euros
(d'après les prix 2011)

N.B. Ces frais sont approximatifs et peuvent varier d'un fournisseur à l'autre et d'une région à une autre. Les autres dépenses initiales dépendront des installations déjà disponibles – abri, clôture, aire stabilisée, alimentation en électricité, etc.

Frais permanents par âne et par an (prix 2011)

	Moyenne	Fourchette
Déplacement vétérinaire	50 euros	40 à 70 euros
Vaccinations grippe/tétanos (selon les instructions du vétérinaire)	40 euros	30 à 50 euros
Bilan dentaire annuel	60 euros	50 à 80 euros
Coproscopie annuelle	30 euros	15 à 40 euros
* Vermifugation (sur la base de quatre fois par an et d'un âne de 200 kg)	30 euros	25 à 60 euros
Parage (25 euros par visite, à intervalles de 6 à 10 semaines)	200 euros	160 à 280 euros
Assurance (responsabilité civile uniquement)	40 euros	27 à 40 euros
Foin (si les ânes ne sont pas mis au pré en hiver). Une petite balle par semaine sur 26 semaines. Les prix varient entre 3 et 6 euros la petite balle.	91 euros	75 à 160 euros
Paille, pour nourriture et litière, à 2 euros par ballot. 100 ballots par âne et par an. Les prix peuvent varier entre 1,50 et 4 euros, selon les régions.	200 euros	150 à 400 euros

Coût total par âne et par an :
1 100 euros en moyenne, fourchette de 570 à 1 200 euros

* Le nombre de vermifugations nécessaires par an et le vermifuge à utiliser dépendent du système de gestion des pâtures du propriétaire, des autres animaux présents et des résultats de la coproscopie parasitaire. Il est donc vivement recommandé de consulter un vétérinaire équin.

Note : les frais ci-dessus sont approximatifs et concernent un âne sain, en bon état, avec un accès à des pâtures nutritives et suffisantes pendant l'été, et en stabulation l'hiver, avec libre accès à de la paille d'orge. Par ailleurs, les frais vétérinaires indiqués ne représentent que les bilans annuels et les vaccins. Un propriétaire doit être conscient que les soins vétérinaires en cas de problème de santé peuvent parfois s'élever à plusieurs centaines d'euros. Les ânes âgés, avec des problèmes dentaires, qui ont besoin d'un supplément de nourriture ou qui présentent des troubles respiratoires peuvent exiger une litière et/ou une alimentation différente, souvent plus onéreuse.

Avant de décider finalement de prendre des ânes, nous conseillons vivement aux propriétaires d'en discuter avec un vétérinaire et de contacter un maréchal dans la région pour être sûr qu'il accepte de fournir ses services. En les contactant, vous aurez ainsi une idée plus précise des frais d'entretien d'un âne.

L'achat d'un âne

Premières étapes

On voit des ânes en vente dans les annonces de la presse locale ou des publications équestres, ou encore sur les marchés. Une fois que le futur propriétaire a décidé du type d'âne qui lui convient, il est recommandé de se rendre sur place accompagné d'une personne expérimentée. Il existe aussi des associations et syndicats d'éleveurs ; si le propriétaire est en quête d'une race en particulier, c'est peut-être sa meilleure option.
Avant de procéder à l'achat d'un âne, il importe de vérifier que l'on a bien passé en revue tous les impératifs liés à l'entretien et identifié la race, l'âge, le sexe et le niveau de manipulation qui conviennent. Un choix éclairé et raisonnable à ce stade fera un propriétaire heureux pendant des années. L'acheteur potentiel doit préparer à l'avance une liste des questions à poser au vendeur pour connaître les traits physiques et comportementaux des ânes qu'il propose.

Ce qu'il ne faut pas oublier

Les ânes sont des animaux polyvalents, aux possibilités nombreuses : montures pour des enfants, attelage, concours de modèle, travail de trait léger, voire tout simplement animaux de compagnie. De l'usage prévu dépendront la taille et le caractère des ânes convenant aux besoins propres à l'acheteur. Les ânes destinés à la monte, à l'attelage ou au travail doivent avoir entre quatre et vingt-cinq ans et passer une visite vétérinaire afin de vérifier leur aptitude physique au travail.

Un âne lambda d'environ 1 m 10 ou 160 kg ne devrait pas porter plus de 50 kg sur son dos, et un âne ne devrait pas tracter plus deux fois son poids corporel sur terrain plat, avec un véhicule bien équilibré et bien entretenu. Si les ânes ne sont destinés qu'à être des animaux de compagnie, des animaux plus âgés ou auxquels un petit supplément d'amour et d'attention ne ferait pas de mal font tout aussi bien l'affaire.

Les ânes acquis *via* un programme d'adoption tel que celui du Donkey Sanctuary ont dans l'idéal passé un examen médical complet, sont à jour de leurs vaccins, ont été vermifugés et leurs pieds ont été régulièrement parés. Les ânes achetés sur un marché ou à un particulier ne peuvent pas toujours en dire autant.

À moins d'un projet d'élevage, un étalon est déconseillé. Les entiers sont par nature très imprévisibles, particulièrement s'il y a une ânesse en chaleur non loin. Il faut pour manipuler un entier une personne expérimentée, et il ne conviendra pas pour un enfant, que ce soit à pied ou en selle. Les hongres (mâles castrés) et les femelles ont leurs propres traits de caractère ; les hongres joueurs peuvent se montrer exubérants et se battre comme des écoliers, les ânesses en chaleur peuvent nécessiter plus de patience. Deux ânes du même sexe seront tout aussi heureux qu'un couple composé d'un hongre et d'une ânesse.

- Il est formellement déconseillé d'acheter un âne sur photo, *via* Internet ou des annonces passées dans des journaux, des magazines, etc.
- Mieux vaut toujours effectuer la visite en compagnie d'une personne qui servira de témoin, de préférence un propriétaire expérimenté.
- Un âne à papiers (pedigree)ou miniature peut être extrêmement onéreux, avec des prix dépassant parfois les 3 500 euros. Le candidat propriétaire est toujours bien inspiré de s'adjoindre les services d'un vétérinaire pour vérifier son achat potentiel.
- Le vendeur doit remettre un acte écrit confirmant que l'âne est bien ce qu'il est censé être, à savoir un étalon, un hongre ou une ânesse, son âge et son état de santé, ainsi que tout problème physique ou comportemental.
- En cas de problème, le nouveau propriétaire doit agir immédiatement. Plus il tarde, plus il risque de perdre son droit à un remboursement intégral, même s'il peut toujours réclamer des dommages-intérêts.
- Passeport. La vente, l'achat, l'exportation, l'abattage pour la consommation humaine et l'utilisation en concours ou pour l'élevage d'un équidé sans passeport constituent des délits. Ce passeport doit accompagner l'animal partout et tout au long de sa vie.

Achat auprès d'un marchand

- La garantie de conformité ne s'applique qu'en cas d'achat par un particulier auprès d'un professionnel. L'achat auprès d'un marchand peut donc offrir la meilleure des protections.
- La loi implique certaines conditions de vente – les droits statutaires de l'acheteur :
  1. L'âne doit être d'une qualité raisonnable ou satisfaisante, par exemple exempt de défauts tels qu'une boiterie, à moins que l'acheteur n'en ait préalablement connaissance et ne les accepte.
  2. L'âne doit être adapté à l'usage pour lequel il est généralement vendu, ou à tout objet communiqué à la date de l'accord.
  3. Il doit être conforme à sa description. Si votre nouvel âne de huit ans s'avère avoir dix ans de plus, il y a rupture des conditions de vente.
  4. Si tout ou partie de ces critères ne sont pas remplis, l'acheteur peut prétendre au remboursement de l'intégralité du prix ou de la différence de valeur entre l'âne dont il pensait se porter acquéreur et celui dont il est véritablement devenu propriétaire.
- Les marchands de bonne réputation acceptent de s'engager par écrit à reprendre l'âne s'il présente un problème physique ou un trouble du comportement, en en remboursant le prix d'achat ou en proposant un échange. Mieux vaut ne jamais laisser un marchand reprendre l'âne en dépôt-vente : si le marchand ne dévoile pas le problème au prochain acheteur, ce dernier peut se retourner non contre le marchand mais contre le propriétaire vendeur.

Si l'âne révèle un problème qui le rend inadapté à l'usage pour lequel il a été acheté, l'acheteur a droit au remboursement, même si le marchand nie en avoir eu connaissance.

Achat auprès d'un particulier

- L'achat à un particulier est un autre problème. La règle du *caveat emptor* (« à l'acheteur de se méfier ») s'applique. En cas de problème, l'acheteur doit pouvoir prouver que le vendeur en avait ou aurait dû en avoir connaissance pour pouvoir en obtenir le remboursement, et un procès pour rupture de contrat est une procédure qui risque d'être difficile, longue et coûteuse.
- En France, il est possible d'adopter *via* l'ADADA (Association des amis des ânes).

Achat d'un âne importé

Dans certains pays sévissent des épidémies représentant parfois une menace sérieuse pour la santé des équidés.
En cas d'achat ou de projet d'achat d'un âne importé, il incombe à l'acheteur de s'informer sur les possibles risques de maladie, de discuter d'un programme raisonnable de dépistage avec son vétérinaire et d'envisager une période de quarantaine et d'observation du nouvel arrivant.

Adoption

The Donkey Sanctuary possède en Angleterre un programme d'adoption permettant de placer les ânes par paires dans des foyers répondant à certains critères. L'adoption est gratuite, de même que la livraison des ânes, mais ceux-ci demeurent la propriété du Donkey Sanctuary. Si un jour les adoptants, pour une raison ou une autre, ne peuvent plus s'occuper des ânes, ces derniers sont récupérés et gracieusement ramenés au Donkey Sanctuary.
L'adoptant est cependant supposé prendre en charge le coût de l'alimentation des ânes (paille tout au long de l'année plus foin en hiver), les frais vétérinaires (vaccinations annuelles, vermifuges et désinfestations régulières et traitement en cas de maladie) et les frais de parage (toutes les six à dix semaines).
The Donkey Sanctuary réalise un examen médical complet avant de choisir des ânes pour le programme d'adoption. Certains ont été récupérés dans de bonnes maisons mais, pour des raisons diverses, leurs propriétaires ne pouvaient plus s'en occuper. D'autres ont été au contraire négligés ou maltraités. Si l'un des ânes a besoin d'un traitement en continu, nous en discutons avec l'adoptant potentiel avant la sélection finale, afin d'évaluer s'il est prêt à porter l'attention supplémentaire requise. Les ânes sélectionnés pour placement sont choisis parmi les plus aptes à bénéficier de l'amour et de l'attention individuelle qu'un adoptant peut leur apporter.

The Donkey Sanctuary organise des stages d'introduction aux soins, à la santé ou au comportement des ânes. Des vidéos et des DVD sont également disponibles.

Participants à l'un des stages du Donkey Sanctuary

Le refuge possède un réseau de responsables de la protection animale dans tout le Royaume-Uni, qui se font un plaisir de prodiguer leurs conseils. Une fois qu'il a été décidé d'offrir une nouvelle maison à deux ânes du refuge, l'adoptant doit assister à un stage (gratuit) d'introduction à l'entretien des ânes. Dans le cadre du programme de placement, notre responsable de la protection animale rend visite au foyer trois fois par an pour vérifier le bien-être des ânes et proposer ses conseils.

On n'est jamais déçu quand on décide d'offrir une maison à des ânes du Donkey Sanctuary. Non seulement on apporte amour et soins à des ânes qui n'ont peut-être jamais eu l'occasion d'en faire l'expérience auparavant, mais l'on aide aussi notre institution, en faisant de la place pour d'autres ânes plus dans le besoin, nécessitant des soins spécialisés.

En France, l'Association des amis des ânes (ADADA) mène une action semblable, et propose elle aussi des ânes à l'adoption.

À l'arrivée des ânes

Les ânes peuvent être territoriaux et les nouveaux arrivants doivent être présentés prudemment à tout résident actuel, par-dessus une porte de stabulation. Il faut si possible laisser les ânes explorer leur nouvelle demeure et prendre possession des lieux avant de laisser nouveaux et anciens se mélanger. *Chi va piano va sano* : pour leur laisser tout le loisir de s'accoutumer à un nouveau venu avant de les laisser seuls tous ensemble, il faut parfois une semaine d'acclimatation. Et pour la première fois, ils doivent avoir largement assez d'espace pour pouvoir s'éviter s'ils le souhaitent.

Attention aux petits animaux domestiques tels que chiens, chats, volaille ou agneaux : certains ânes, pensant qu'ils constituent une menace, vont les chasser. Les petits animaux domestiques et le bétail ne doivent donc avoir qu'un accès limité à l'espace de vie et au pré des ânes pendant les premières semaines, et ne doivent être autorisés à y entrer que lorsqu'on est certain de leur bonne entente. Dans un souci de sécurité, les jeunes enfants ne doivent entrer dans le pré des ânes qu'accompagnés d'un adulte.

CHAPITRE 3

SOINS DES ÂNES

Alimentation

Règles élémentaires

- La nourriture doit être distribuée en petites quantités et souvent, à heures régulières, car les ânes s'alimentent en continu.
- Toute modification du régime alimentaire doit être introduite progressivement, sur quatre à six semaines.
- Le régime alimentaire doit toujours être fonction de l'âge de l'âne, de son poids et de son tempérament.
- Les aliments contenant de la poussière ou des moisissures sont à éviter.
- L'accès à un bloc de sel ou de minéraux est recommandé.
- Des bilans dentaires réguliers sont nécessaires pour permettre à l'âne de tirer le meilleur parti de sa nourriture.
- Des échantillons des selles doivent être pris pour réaliser une coproscopie, qui permettra de vérifier l'absence d'œufs de vers ou, s'il y en a, de cibler avec précision le programme de vermifugation.

À l'état naturel, les ânes errent de-ci, de-là, ingérant en continu de petites quantités de plantes riches en fibres. Ils ont besoin d'un régime alimentaire pauvre en protéines, en sucres et en amidon, mais riche en fibres, et c'est pourquoi leur régime doit être basé sur de la paille d'orge toute l'année durant, avec une quantité d'herbe limitée. En hiver, il faut parfois compléter l'herbe par du foin en petite quantité, sans exagérer car les ânes en surcharge pondérale risquent la fourbure et l'hyperlipémie.

Les ânes vieux ou malades peuvent nécessiter des compléments à ce régime, par exemple des aliments très riches en fibres. En cas de doute, il est toujours possible de demander conseil à un vétérinaire ou de se renseigner auprès du Donkey Sanctuary ou d'une association équivalente locale.

Au printemps et en été, les ânes du Donkey Sanctuary paissent dans les prés, tout en ayant accès à de la paille d'orge pour qu'ils aient leur content de fibres. La quantité d'herbe est contrôlée, soit par pâturage rationné, avec rotation assurée par des clôtures électriques mobiles, soit par limitation du temps d'accès à l'herbe, pour éviter qu'ils ne prennent trop de poids. En hiver, ils sont logés dans de grandes étables bien ventilées, avec allées bétonnées, sans accès à l'herbe, car nos ânes sont nombreux : ils endommageraient la pâture et finiraient par stationner dans la boue, ce qui n'est bon ni pour leurs pieds ni pour leurs membres, et peut provoquer des affections telles que la gale de boue. Ils disposent en lieu et place de paille d'orge à volonté et reçoivent une quantité contrôlée de foin ou de préfané selon leur état. Si les ânes ont accès à de l'herbe toute l'année, la quantité de foin nécessaire est minime, même en hiver. La consommation journalière d'herbe et de foin doit être contrôlée pour qu'ils restent en bonne condition physique.

Naturellement, les ânes paissent de longues périodes durant. Il est donc important de contrôler leur alimentation pour éviter l'obésité, mais un âne en bonne santé doit normalement chercher à manger toute la journée et ne pas avoir de mal à mâcher ou à ingérer. La plupart des ânes deviennent obèses si on les laisse paître sans limitation. L'usage intelligent de clôtures électriques ou mobiles, suivant les instructions du fabricant, permet de contrôler leur consommation d'herbe. La clôture doit être propre et bien entretenue, et vérifiée matin et soir, en la déplaçant selon les besoins. La rotation des pâtures peut aussi être

Paddock de sable

Un âne appréciera grandement une petite aire de sable où il peut se rouler.
Le paddock doit être exempt de cailloux. Quand un âne se remet debout après s'être roulé, il ne s'ébroue pas tout entier comme le fait un cheval, il se contente de secouer la tête et les oreilles pour éliminer l'excédent de poussière. En effet, dans son environnement désertique d'origine, cette poussière était nécessaire. Les poils la retenaient pour le protéger de la chaleur et du froid, elle lui apportait une très bonne isolation. C'est d'ailleurs cette caractéristique qui fait qu'un âne, sous la caresse de la main de l'homme, dégage toujours un énorme nuage de poussière.

Des ânes broutant au Donkey Sanctuary

un précieux outil pour éviter les infestations parasitaires. Cependant, il faut parfois laisser reposer la pâture jusqu'à six mois pour ce faire.

La paille doit être donnée dans une mangeoire au sol ou dans un râtelier d'angle, afin que la nourriture ne soit pas souillée. Le filet à foin n'est pas recommandé, car il vaut mieux pour les ânes manger au niveau du sol et les filets à foin, une fois vides, peuvent devenir dangereux, l'âne risquant de s'emmêler dedans. Le râtelier doit contenir suffisamment de paille pour qu'il puisse fourrager dedans. Ce qu'il laisse ne sera pas gaspillé, puisqu'il pourra être utilisé comme litière. En hiver, il est parfois nécessaire d'ajouter une petite quantité de foin à la paille dans la mangeoire si l'âne ne reste pas en état avec un simple régime d'herbe et de paille.

Les ânes doivent toujours avoir accès à un approvisionnement en eau propre, car ils sont très difficiles en la matière. Un seau solidement arrimé ou un abreuvoir automatique doit être à leur disposition en permanence, et être nettoyé chaque jour après nettoyage de la stabulation pour éviter l'accumulation de poussière ou de saletés dans l'eau. La quantité que boit un âne varie bien évidemment selon la température, la teneur en humidité des aliments, la charge de travail, etc., mais la vérification de routine de l'approvisionnement en eau permet de vérifier sa consommation. Par temps froid, il faut s'assurer que l'eau n'a pas gelé.

Ânes mangeant dans un râtelier à bonne hauteur

Foin

Si l'on prévoit de donner du foin pendant les mois d'hiver, il faut prendre en compte le type de foin acheté, et l'époque de l'année à laquelle il a été coupé.

Excellent pour les ânes, le foin de prairie est un mélange naturel d'herbes coupées dans des vieilles pâtures.

Le foin de graminées est lui aussi bon pour cet animal. C'est un foin à base d'herbes particulières, comme le seigle ou la fléole des prés, que les agriculteurs font à partir des tiges qui restent une fois les graines retirées.

Le foin produit par des pâtures bovines est généralement plus riche en protéines et plus énergétique, et moins adapté s'il est donné seul. Toutefois, il peut être donné en mélange avec une proportion plus importante de paille.
Le foin de coupe tardive possède des valeurs énergétiques plus faibles, de sorte qu'il convient toujours de jauger soigneusement la qualité du foin. Il ne doit pas contenir de séneçon, car celui-ci est hautement toxique pour les ânes. Les conditions météorologiques décident de la saison de coupe (fin mai à mi-juin). Si le foin est coupé plus tardivement dans l'année, l'herbe aura perdu beaucoup de ses vertus, et une partie sera montée en graine. Ce type de foin présente une valeur énergétique bien moins élevée que du foin de coupe précoce, et c'est pourquoi il est bon pour les ânes. Si le temps en mai est clément, les agriculteurs peuvent faire le foin la première semaine de juin, avec une seconde coupe à la fin du mois de juillet. Ce foin de « seconde coupe » est habituellement moins énergétique, et convient lui aussi pour les ânes. Le foin fraîchement coupé doit être conservé dans une grange sèche pendant au moins deux mois avant d'être distribué. Il ne doit pas être introduit brutalement, car il risque de causer coliques et fourbure. On amoindrit le risque en mélangeant le foin nouveau au foin de l'année précédente, ou à de la paille pendant quelques jours, afin que le changement soit graduel. Si le foin manque dans la région (ou s'il est très cher), on peut considérer les alternatives suivantes.

Si le pré est aisément accessible au public, il est conseillé d'installer un écriteau demandant aux gens de ne pas nourrir les animaux, en expliquant pourquoi. Certains restes de pique-niques, les aliments contenant de la viande ou des produits laitiers, sans même parler des emballages, peuvent être mortels pour un équidé.

Paille

Une paille d'orge de bonne qualité peut avoir des valeurs alimentaires équivalentes à un foin de prairie de mauvaise qualité. Riche en fibres, si elle est donnée en quantités raisonnables, elle est utile pour mettre au régime les ânes en surcharge pondérale. Dans l'alternative, de la paille d'avoine peut être distribuée ; elle présente habituellement une valeur nutritive légèrement supérieure à celle de la paille d'orge. La paille de blé, très riche en fibres, a des valeurs énergétiques plus faibles. La paille de lin oléagineux n'est pas appropriée, la graine étant toxique à moins d'avoir été bouillie, et il est très difficile de s'assurer de son absence dans la paille. En cas de pénurie de paille, mieux vaut donner la priorité à l'alimentation plutôt qu'à la litière, et chercher une autre alternative pour cette dernière.

Foin préfané

Le préfané est une graminée mi-fanée qu'on n'a laissée sécher qu'à hauteur de 55 à 65 % de matière sèche (contre 85 % pour le foin). Le foin est mis en balle, compressé et emballé dans un plastique épais, le fourrage résultant est virtuellement exempt de poussière, très appétent et nutritif.
Une fois l'emballage en plastique ouvert (délibérément ou accidentellement), des spores fongiques commencent à se multiplier ; c'est pourquoi le préfané doit être utilisé dans les trois à quatre jours (moins par temps chaud) ou jeté. S'il y a des signes de moisissures ou de levure sur une balle ouverte, elle doit être mise au rebut.

Ensilé

Le foin ensilé ne convient pas pour l'alimentation des ânes, le niveau d'humidité étant généralement trop élevé, avec un pH bas, une faible teneur en fibres et une forte teneur en protéines.

Granulés et mélanges

Il existe de nombreuses marques sur le marché. Certains produits peuvent remplacer le foin dans le régime alimentaire d'un âne. Sélectionnez une marque contenant un probiotique ou de l'huile de soja, à forte teneur en fibres et faible teneur en sucres si l'âne ne peut se contenter d'herbe, de foin et de paille, par exemple s'il est âgé ou hors d'état. Attention à ce qu'il ne mange pas trop rapidement ces aliments, ce qui pourrait causer des coliques. Il faut leur adjoindre de l'eau et de petites quantités de chaff à faible teneur en sucres. Les produits vendus pour les équidés sujets à fourbure sont un bon choix, car ils sont généralement riches en fibres et à faible teneur en sucres.

Chaff et herbe lyophilisée

Le chaff est un mélange de foin et de paille hachés menu, et il en existe de nombreux types sur le marché. Ceux-ci comportent des quantités variables de seigle, de fléole ou de luzerne et de paille d'avoine hachés menu, certains y ajoutent de l'huile, des mélasses, des minéraux, des herbes ou des compléments pour la croissance des sabots, tandis que d'autres encore sont riches en fibres et exempts de mélasses. Les chaffs ou herbes lyophilisées commercialisés pour les équidés sujets à fourbure sont également utiles pour les ânes qui ont du mal à manger de l'herbe, du foin et de la paille du fait d'une mauvaise dentition.

Pulpe de betterave déshydratée

La betterave à sucre est une source précieuse de fibres succulentes, nutritives et digestes quand elle est ajoutée à l'alimentation, bien qu'elle ne puisse être utilisée comme substitut au foin ou à ses alternatives. Distribuée en petites quantités, elle est utile pour inciter un âne malade à manger. La betterave non mélassée, pour éviter la fourbure, est plus recommandée. On la trouve en miettes ou en granulés, qu'il faut impérativement mettre à tremper avant de les donner et utiliser dans les vingt-quatre heures une fois mouillés. Le temps de trempage varie ; consultez les instructions pour chaque type d'aliments.

Friandises

Donnés avec prudence et modération, des carottes (tranchées dans le sens de la longueur pour éviter que l'âne ne s'étouffe), des navets et des feuilles de chou constituent des extras bienvenus qui ouvrent l'appétit, et un complément intéressant à la ration normale en hiver et au début du printemps, en l'absence d'herbe fraîche. Les tubercules qui ont gelé ou les pommes de terre vertes sont à éviter.

Minéraux et vitamines

Les ânes trouvent la plupart des vitamines et minéraux qui leur sont nécessaires dans la paille, l'herbe et le foin constituant leur régime alimentaire. Toutefois, il est recommandé de mettre à leur disposition un bloc de minéraux pour équidés, contenant divers minéraux et notamment du sel, en complément de leur alimentation. Attention : les blocs conçus pour d'autres animaux de bétail peuvent être dangereux pour les ânes, certains contenant des niveaux de minéraux inappropriés.

Avertissement général

- Tous les équidés sont sensibles aux toxines que l'on peut trouver dans des aliments abîmés.
- Tous les aliments doivent être de haute qualité.
- Les aliments ne doivent pas contenir de moisissures.
- Un changement de régime alimentaire doit toujours être introduit progressivement.
- Les ânes préfèrent fourrager dans leur nourriture toute la journée.
- Ils préfèrent manger peu et souvent.
- Les ânes n'ont pas besoin d'une alimentation riche en sucres.
- Un âne ne doit pas être suralimenté, et son état corporel doit être régulièrement vérifié.
- En cas de doute sur la valeur énergétique ou la qualité d'un aliment, il est recommandé de prendre conseil auprès d'un expert.

Mettre un âne au régime

La surcharge pondérale est toujours un risque pour les ânes dans les pays à climat tempéré. C'est un risque sérieux pour la santé, qui impose un stress considérable aux membres et aux sabots, affectant également les organes internes tels que le foie et multipliant le risque de maladies potentiellement fatales, comme l'hyperlipémie (un trouble du métabolisme des graisses).
Il est vivement conseillé de mettre un âne en forte surcharge pondérale au régime, mais ce n'est en aucun cas chose facile. C'est même si difficile que cela peut être frustrant et prendre bien plus longtemps que prévu !

Suggestion de guide « Weight Watcher's »

- L'âne est-il gros ? Avant toute chose, il faut lui attribuer une note d'état corporel. Pour un âne en bonne santé, elle ne doit pas être supérieure à 3 (voir chapitre 4).

Âne en surcharge pondérale

- Combien pèse l'âne ? Le poids constitue un point de départ objectif. Une balance à bétail précise est bien évidemment idéale, mais le ruban de mesure du poids est une bonne solution de rechange (voir chapitre 4).
- Mettre un âne au régime, est-ce sans danger ? Les ânes récemment acquis et les ânes âgés doivent faire l'objet d'un examen soigneux avant de commencer un quelconque régime. Il faut toujours laisser à un âne arrivé de fraîche date le temps de s'installer, de préférence manipulé et alimenté comme dans son foyer précédent.
- Le régime ne doit commencer qu'une fois l'âne en confiance et parfaitement à l'aise dans son nouvel environnement. Les ânes âgés peuvent tirer profit d'une visite vétérinaire complète, avec bilan dentaire, avant d'être mis au régime. Ils doivent être capables de manger, de mâcher et de digérer l'intégralité des aliments distribués en quantités limitées en en tirant toute la substance, au risque sinon de problèmes graves.
- Que mange l'âne ? Il est indispensable de noter et d'estimer ou, idéalement, de peser, tout ce qu'il absorbe chaque jour, y compris sa litière (paille). C'est évidemment plus facile avec des ânes en stabulation, mais une utilisation réfléchie de clôtures mobiles restreindra la consommation d'herbe.
- Il doit être installé sur litière non comestible, par exemple sur copeaux ou sur carton.
- Un programme d'amincissement doit être préparé, et suivi à la lettre, en prévoyant une diminution d'environ 20 % de tous les aliments consommés. Il faut donner de petits repas fréquents plutôt qu'un ou deux gros repas.
- L'exercice doit être encouragé : promenade en main ou paddock en sable, avec de l'eau à une extrémité et un peu d'aliments et de paille à l'autre.

- Le poids et la note d'état corporel sont à vérifier toutes les semaines. En l'absence de changement au bout d'un mois, le régime alimentaire doit être révisé, et la ration encore diminuée de 10 % (attention que personne n'offre de friandises en douce !).
- L'âne doit être suivi de près, pour repérer tout signe de mauvaise santé ou de problème (se reporter aux signes de bonne santé au chapitre 4).

Soins dentaires

Mieux vaut prévenir que guérir : tous les ânes doivent subir un examen dentaire annuel, conduit par un vétérinaire ou un dentiste équin. Les ânes âgés et les ânes avec des problèmes dentaires peuvent nécessiter des bilans et des soins plus réguliers.

Soins des pieds

L'habitat naturel de l'âne est un environnement sec. Ils prospèrent dans les régions semi-arides du monde, où le sol est sec et caillouteux et où la végétation est la plupart de l'année d'une mauvaise valeur nutritionnelle et très fibreuse. Leurs pieds absorbent mieux l'eau que les sabots des chevaux ; c'est probablement une adaptation à l'environnement sec où ils évoluaient. Dans des pâturages luxuriants et humides, leurs sabots deviennent facilement mous et friables, et souffrent assez fréquemment des maladies des pieds associées :

- Infection de la sole et de la fourchette (pourriture de la fourchette).
- Lésions infectées et pénétrantes (abcès).
- Fourmilière.

Structure du pied de l'âne et différences avec le cheval

Il existe plusieurs différences entre les pieds du cheval et ceux de l'âne :

- Le pied de l'âne est plus vertical (de 5 à 10 degrés environ) que celui du cheval.
- Le pied de l'âne a une forme plus carrée que celui du cheval, plus circulaire.
- La sole est plus en forme de U que celle du cheval, plus arrondie.
- Le pied de l'âne semble pousser plus depuis le talon que depuis les autres parties du pied.
- La ligne blanche fait 1 mm de large, et est visible après le parage. Plus large, ce peut être un signe de fourbure ou de fourmilière.
- Adaptés aux climats secs, les sabots de l'âne absorbent plus d'humidité que ceux d'un cheval. Ils sont aussi plus élastiques.

Soins de routine des pieds

Dans un climat humide, il est impossible de garder les pieds d'un âne au sec. Toutefois, il faut essayer de les garder sur une litière sèche et propre quand ils sont en stabulation, et d'éviter les terrains boueux s'ils sont au pré. Une aire d'exercice, très bien drainée, est utile. Tous les ânes doivent être habitués à la manipulation des pieds. Ces derniers doivent être régulièrement curés avec un cure-pied, et le crottin et la boue retirés – quotidiennement si possible. Attention à garder le pied bas et sous l'âne, car il peut être douloureux pour lui de le lever trop haut et de l'écarter, particulièrement s'il est âgé et arthritique. Le soigneur doit travailler les genoux pliés, pour garantir son confort et celui de l'âne. Pour les ânes qui ne travaillent pas et qui sont stationnés sur un sol mou, un parage doit être prévu toutes les six à dix semaines, qu'un maréchal-ferrant sera le mieux à même de réaliser, car il faut pour le faire correctement des outils spéciaux et une formation adéquate. Certains propriétaires disent qu'il est difficile de trouver un maréchal-ferrant prêt à parer les pieds d'un âne. Toutefois, la plupart n'y rechignent pas, à condition que le propriétaire suive leurs instructions et leur facilite autant que possible le travail.

Une heure environ avant le rendez-vous avec le maréchal-ferrant, ayez la bonne idée de confirmer l'heure d'arrivée. Avant qu'il arrive, l'âne doit être attrapé et attaché, et ses pieds curés. Quand le maréchal commence son travail, l'âne doit être fermement tenu à la tête, de préférence avec un licol. Après le parage, le pied doit présenter une sole concave, la paroi portant le poids. Dans l'idéal, la pointe de la fourchette doit se terminer à environ 6 mm au-dessus du niveau des parois, de sorte qu'aucune pression ne pèse sur la sole quand le pied repose au sol. Toutefois, si le maréchal-ferrant a des corrections à apporter, par exemple du fait d'une fourmilière, la forme du pied peut être différente à la fin de sa visite.

Fourmilière

Quand un âne est atteint de fourmilière, une partie de la zone de la ligne blanche devient fragile et friable. Souvent, des petits cailloux et de la saleté se coincent dans les interstices de la boîte cornée. Au final, la maladie peut s'étendre assez haut sur le sabot en direction de la couronne. Le maréchal-ferrant ou le vétérinaire traite en coupant la partie affectée de la paroi du sabot et en laissant pousser une nouvelle corne saine. L'âne doit être maintenu sur un terrain propre et sec.

Pourriture de la fourchette

La pourriture de la fourchette est une infection de la sole affectant particulièrement la fourchette. Elle a une odeur déplaisante très caractéristique. Elle est souvent provoquée par un sol et un climat humides. Il est possible de la prévenir en enlevant régulièrement les saletés et en évitant de laisser l'animal se tenir pendant des laps de temps prolongés sur terrain humide. Le traitement implique de couper tous les tissus malades et d'appliquer un mélange de sucre et de Bétadine, ou des produits chimiques, pour contrôler l'infection (suivant les conseils de votre vétérinaire), mais le succès n'est pas toujours au rendez-vous dans les cas déjà anciens.

Fourbure

La fourbure est causée par de nombreux facteurs, la cause la plus commune étant un mauvais régime alimentaire, par exemple trop de grains ou une herbe trop riche. Les ânes « profitent » quand on leur donne beaucoup de fourrage et peuvent facilement grossir jusqu'à devenir fourbus s'ils ne sont pas nourris comme il faut. Les lames, des couches à l'intérieur des tissus rattachant la structure de la paroi au pied, peuvent devenir inflammées, provoquant de vives douleurs et entraînant une boiterie. Pour le traitement, il faut prendre de toute urgence conseil auprès d'un vétérinaire. Parmi les symptômes caractéristiques :

- Évitement du mouvement, préférence pour la position allongée et les terrains mous.
- Pieds douloureux, particulièrement sur la ligne médiane de la couronne.
- Dilatation des artères digitales et pouls digital accru.
- Soulagement et lever en alternance des antérieurs.
- Transfert du poids sur les talons.
- Réception du pied en talon puis en pince.
- Augmentation du pouls et de la fréquence respiratoire du fait de la douleur.

Abcès du pied

Un abcès peut se développer dans le pied suite à une blessure pénétrante de la sole ou de la ligne blanche, qui peut s'infecter, du pus s'accumulant. Ces blessures peuvent par ailleurs causer le tétanos. Il convient de vérifier que l'âne est protégé par la vaccination. En cas de suspicion d'abcès, l'avis d'un vétérinaire doit être pris. Celui-ci peut recommander un cataplasme, pour aider à drainer l'infection, et/ou inciser l'abcès avec une rainette pour faciliter le drainage.

Produits de soin des pieds et compléments alimentaires

À condition d'un régime alimentaire adapté et équilibré, il n'est pas normalement nécessaire d'utiliser de l'huile ou de la graisse à pieds ou des compléments alimentaires.

CHAPITRE 4

SOINS MÉDICAUX ET SOINS SPÉCIAUX

On a tendance à traiter les ânes comme si c'étaient de petits chevaux, mais les ânes ne sont pas semblables aux chevaux ; ils sont différents physiquement, mentalement et émotionnellement. Physiquement, l'âne se démarque par plusieurs traits :

- **Oreilles :** les longues oreilles de l'âne, bien irriguées par une multitude de vaisseaux sanguins, sont une adaptation au désert, elles refroidissent le corps.
- **Queue :** la queue ressemble à celle d'une vache : elle est couverte de poils courts, à l'exception de la touffe à l'extrémité.
- **Châtaignes :** les châtaignes (sortes de petits cals sur les membres) sont pratiquement inexistantes sur les postérieurs des ânes.
- **Colonne vertébrale :** l'âne, comme le cheval arabe, n'a pas de cinquième vertèbre lombaire, normalement présente dans le squelette des autres équidés.
- **Sabots :** les ânes ont des sabots plus verticaux, plus petits, plus durs et plus élastiques que ceux des chevaux. En conséquence, les ânes ont rarement besoin d'être ferrés, hormis peut-être s'ils travaillent.
- **Pelage :** le poil des ânes est plus long et plus et plus rude que celui des chevaux, bien que la texture puisse varier. Il est important de noter que les ânes ne produisent pas autant de graisse naturelle que les chevaux, et qu'ils sont donc plus sensibles aux intempéries telles que la pluie, le vent et la neige. L'isolation contre la chaleur ou le froid est assurée par des poches d'air entre les longs poils.
- **Crinière :** la crinière est courte, et dépasse rarement une douzaine de centimètres de long. Elle n'est pas aussi épaisse que la crinière d'un cheval, et a tendance à se dresser sur l'encolure plutôt qu'à retomber sur le côté.

- **Toupet :** les ânes n'ont pas de toupet à proprement parler.
- **Vestiges de mamelons :** à l'inverse du cheval, l'âne mâle présente généralement des vestiges de mamelons sur le prépuce.

Génétique

Ânes	62 chromosomes
Chevaux	64 chromosomes (cheval de Prjevalski : 66)
Mules	63 chromosomes

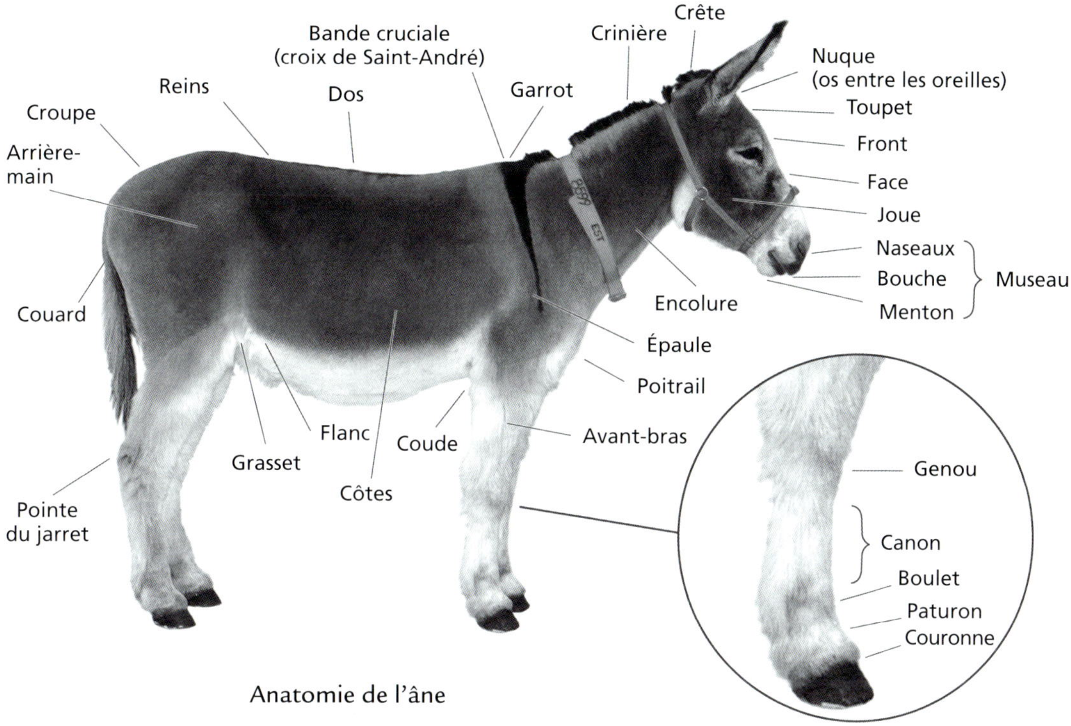

Anatomie de l'âne

Vérifier la bonne santé de l'âne

Quel propriétaire ne s'inquiète pas un jour ou l'autre de la santé de son âne ? En sachant quels signes rechercher, il est plus facile de repérer rapidement le moindre signal d'alarme avertissant de l'apparition d'un problème.

Les ânes sont par nature très stoïques. Généralement, le problème est déjà à un stade avancé quand ils affichent le premier signe évident de maladie ou une boiterie notable.

Réaliser des bilans de santé de routine et connaître par cœur le comportement de son âne, telles sont les clés d'une prise en charge précoce.

Points à observer chaque jour

Le nouveau propriétaire inexpérimenté d'un âne a tout intérêt à prendre cette bonne habitude : vérifier la check-list suivante au moins une fois par jour.

- Comportement.
- Appétit et soif.
- Fèces et urine.
- Yeux, museau et respiration au repos.
- Robe et peau.

Comportement

C'est peut-être le point le plus important à vérifier. Le moindre changement de comportement peut être révélateur d'un problème à un stade précoce. Un âne en bonne santé doit être alerte et curieux, intéressé par ce qui se passe autour de lui, les oreilles pointées. Aucun âne ne doit rester couché pendant des périodes prolongées. Un âne en bonne santé doit être capable de se lever et de s'allonger facilement, et se déplacer librement sans boiter, en répartissant de manière égale son poids sur ses quatre membres. Chaque âne a ses propres caractéristiques, par exemple un compagnon qu'il préfère, un schéma de pâturage et une routine journalière. Des changements subtils dans ses habitudes peuvent être une indication que quelque chose ne va pas. Tout changement de comportement majeur doit être soigneusement étudié : agressivité, fouaillement constant de la queue, auto-morsures, tic à l'appui, encensement, manque général d'intérêt.

Appétit et soif

Les ânes paissent naturellement pendant de longues périodes de temps. Il est donc important de contrôler leur régime alimentaire pour prévenir l'obésité. Un âne en bonne santé doit chercher à manger toute la journée et ne pas avoir de mal à mâcher ou à avaler.

Il est important d'observer l'âne manger quelques instants chaque jour pour vérifier une éventuelle perte d'appétit, voir s'il laisse tomber de la nourriture partiellement mâchée au lieu de l'avaler, etc.

La quantité d'eau que consomme un âne varie selon la température de l'air, la teneur en humidité de la nourriture, la charge de travail, etc. La vérification de routine de l'approvisionnement en eau peut donner une idée de sa consommation. Un âne de taille adulte a besoin d'entre dix-huit et trente-cinq litres d'eau par jour, selon les conditions météorologiques.

Fèces et urines

La consistance des fèces fraîches peut changer selon le régime alimentaire. Les fèces doivent être régulières, normales et humides, formées en boules facilement friables.

Les ânes mâles et femelles adoptent chacun des postures caractéristiques pour uriner. L'urine normale est jaune et aqueuse, et peut parfois être trouble. L'âne ne doit pas avoir de difficulté à uriner ni de contraction. Les tentatives répétées de miction, ou les urines visiblement décolorées ou sanglantes, doivent être considérées avec suspicion. On voit parfois les ânesses en chaleur tenter d'uriner plus fréquemment.

Yeux, nez et respiration au repos

Les yeux doivent être propres et vifs, bien ouverts et exempts d'écoulement. Les naseaux doivent être eux aussi propres et sans écoulement. Au repos, le mouvement des naseaux pendant la respiration doit être minimal. Il est souvent difficile de discerner les mouvements du poitrail au repos, et les mouvements des flancs sont souvent les plus faciles à observer. Des naseaux qui se dilatent, une dilatation et un creusement marqué des côtes et des flancs, ou un bruit anormal à la respiration, doivent être matière à investigation.
L'exercice, le stress, l'excitation et la fièvre augmentent le rythme et la profondeur de la respiration.

Évitez que les paupières de votre âne ne s'assèchent, particulièrement en été, en étalant un peu d'huile pour bébé ou de vaseline autour.

Pelage et peau

Un âne en bonne santé présente un pelage plat, propre, sans signe de démangeaisons, zones pelées, plaies ou bosses anormales. Il est utile d'habituer un âne à sentir des mains courir sur toutes les parties de son corps, de ses membres et de sa tête. Ses poils peuvent en effet souvent masquer l'apparition de problèmes.
Si, en conduisant l'observation journalière des cinq points, vous trouvez matière à inquiétude, plusieurs tests et examens simples sont réalisables, pour vous permettre de mieux expliquer le problème au vétérinaire si vous jugez nécessaire de le consulter.

Vérifications complémentaires

Température

Votre pharmacie doit abriter un thermomètre médical, que l'on peut acheter à un vétérinaire auquel vous aurez demandé de vous enseigner l'utilisation. La prise de température est une habitude à prendre pour se rassurer en cas de suspicion de problème.

Pouls

Avec un peu de pratique, n'importe qui peut apprendre à prendre le pouls sur l'artère qui court sous la mâchoire inférieure. En comptant le nombre de pulsations sur quinze secondes et en multipliant le résultat par quatre, on obtient le pouls par minute. La tête de l'âne doit être immobilisée par une main posée sur le museau. Du bout des doigts de l'autre main, on localise l'artère (environ 4 mm de diamètre) et en variant la pression, on sent rapidement les pulsations correspondant à chaque battement de cœur.

Fréquence respiratoire

Mieux vaut la vérifier quand l'âne est calme. En se tenant sur son côté, en retrait, on observe le flanc ou le thorax se soulever et s'abaisser, ou la vapeur émanant des naseaux par temps froid. On compte le nombre de respirations (le thorax se soulève et s'abaisse = une respiration) sur quinze secondes et l'on multiplie le résultat par quatre pour obtenir la fréquence respiratoire.

Paramètres physiologiques

Paramètre	**Unités**	**Moyenne**	**Fourchette**
Température	°C	37,1	36,5-37,7
Pouls	Pulsations/minute	41	31-53
Fréquence respiratoire	Respirations/minute	20	13-31

Bruits intestinaux

Le système digestif d'un âne est normalement bruyant, avec moult grincements, gargouillis et grondements ! Ils sont particulièrement audibles quand la pâture est bonne, mais s'entendent également avec les rations d'hiver (foin et paille). Le vétérinaire se sert d'un stéthoscope pour mieux les entendre mais une oreille posée contre la peau des flancs (entre la dernière côte et le postérieur) devrait suffire pour en entendre une partie. Il peut être utile de s'habituer aux sons normaux d'un âne en bonne santé – particulièrement pour vérifier les bruits intestinaux en cas de suspicion de coliques (douleurs abdominales) ou d'occlusion intestinale.

Test de l'appétit

Le test du biscuit est révélateur, quoique de nombreux ânes malades prennent quand même le biscuit, particulièrement s'ils sont habitués à cette friandise. Un manque d'intérêt est définitivement un motif d'inquiétude.

Consigner par écrit la note d'état corporel de l'âne et la mesure du passage de sangle est un exercice très utile – particulièrement pour l'âne âgé, chez qui on passe facilement à côté d'une perte de poids graduelle. Une méthode standard permet de le faire avec précision, en mesurant la hauteur en centimètres de l'âne au garrot, sur un sol plat et dur. Une fois que l'âne a plus de quatre ans, cette mesure n'est requise qu'une fois, et la même taille sert pour les futures pesées.

La mesure du passage de sangle est prise en centimètres à l'aide d'un ruban de tailleur ordinaire, toujours dans la même position et de préférence par la même personne, pour assurer la cohérence des mesures prises. Le ruban doit passer autour du thorax de l'âne, aussi loin en avant et aussi prêt que possible des antérieurs. Le ruban doit croiser le haut du dos de l'âne 10 centimètres (une largeur de main) en arrière du garrot. La croix de Saint-André peut être un bon indicateur de la position du garrot. Le ruban ne doit pas être vertical autour de l'âne quand vous le voyez de profil. Il doit être tiré fermement mais soigneusement autour de l'âne, et la mesure prise en centimètres.

Les deux mesures peuvent ensuite être marquées sur le nomogramme ci-contre, qui permet de convertir la mesure du passage de sangle et de la hauteur en un poids en kilogrammes. Les poids mensuels peuvent alors être comparés, les rations alimentaires et le pâturage rationné ajustés selon les besoins alimentaires de l'âne.

La note d'état corporel est un processus pratique pour évaluer la couche de muscles et de graisse sur les os de l'encolure et des épaules, les côtes et le ventre, le dos, les reins et l'arrière-main de l'âne. La note utilisée par le Donkey

Sanctuary, le refuge pour ânes que j'ai fondé en Angleterre, est un bon guide pour une évaluation objective de l'état de santé de l'âne (voir p. 55).
L'état corporel est noté sur un barème de un à cinq. Un représente un sérieux sous-poids, deux un sous-poids. Trois, c'est parfait. Quatre marque une surcharge pondérale, et cinq une obésité sérieuse. Les ânes présentant une note

Tableau de mesure hauteur/passage de sangle (nomogramme)

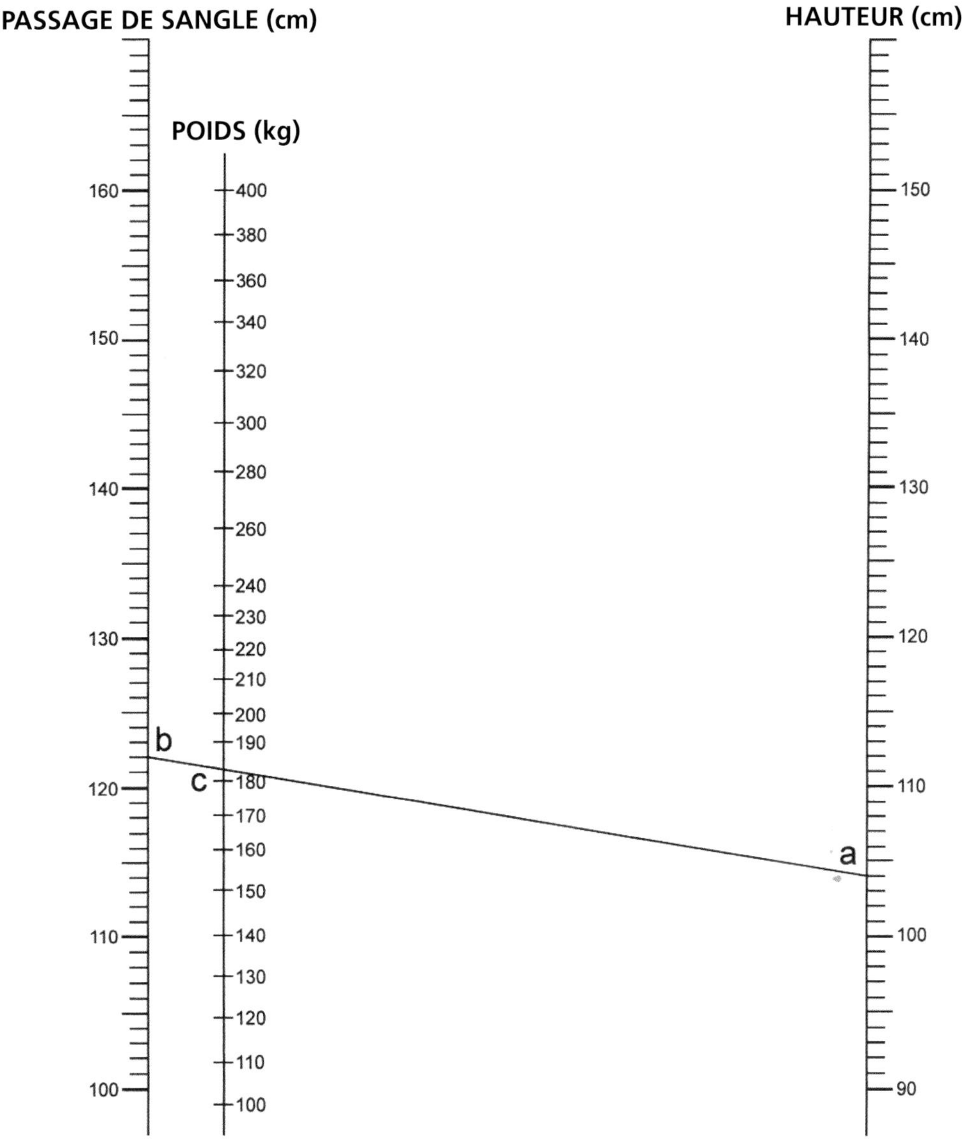

Un âne de 104 cm (a) et avec un passage de sangle de 122 cm (b) doit peser 181 kg (c).
Le nomogramme est précis à 10 kilogrammes près.

Table des poids pour les ânes de moins de 2 ans :

sage de sangle cm	75	76	77	78	79	80	81	82	83	84	85	86	87	88	89	90	91	92	93	94	95	96	97	98	99	100
Poids kg	46	47	49	51	53	55	57	59	61	63	65	67	69	71	74	76	78	81	83	86	88	91	94	96	99	102

Pour un âne adulte : poids = 0,000252 x hauteur ^{0,240} x passage de sangle ^{2,575}
Pour un âne de moins de 2 ans : poids = 0,000283 x passage de sangle ^{2,778}

d'état corporel de quatre ou cinq courent de plus grands risques d'hyperlipémie, de fourbure et de défaillance des organes internes.

Ces ânes gros ou obèses ont habituellement besoin de suivre un régime pour revenir à une note d'état corporel idéale. Mettre un âne au régime est un processus très lent (voir chapitre 3) et il est toujours recommandé de prendre conseil auprès d'un vétérinaire.

Je vous conseille d'estimer le poids et la note d'état corporel de l'âne au moins une fois par mois.

Quand appeler le vétérinaire

En cas d'inquiétude sur la santé d'un âne ou son bien-être, mieux vaut appeler le vétérinaire local pour apaiser vos craintes. En lui fournissant des informations sur chacun des signes d'état exposés plus haut, le vétérinaire est à même de décider rapidement de la meilleure marche à suivre.

- Il faut bien connaître le comportement normal de l'âne.
- Il faut vérifier chaque matin et chaque soir qu'il ne présente pas de blessures.
- Il doit toujours avoir à disposition de la nourriture et de l'eau fraîche.
- La stabulation doit avoir été nettoyée pour vérifier que les crottins et l'urine sont normaux.
- L'absence de plantes toxiques dans la pâture et de dégâts matériels sur les clôtures doit avoir été vérifiée.
- L'âne doit avoir été pansé, les pieds curés, les yeux, les naseaux et le fourreau nettoyés.

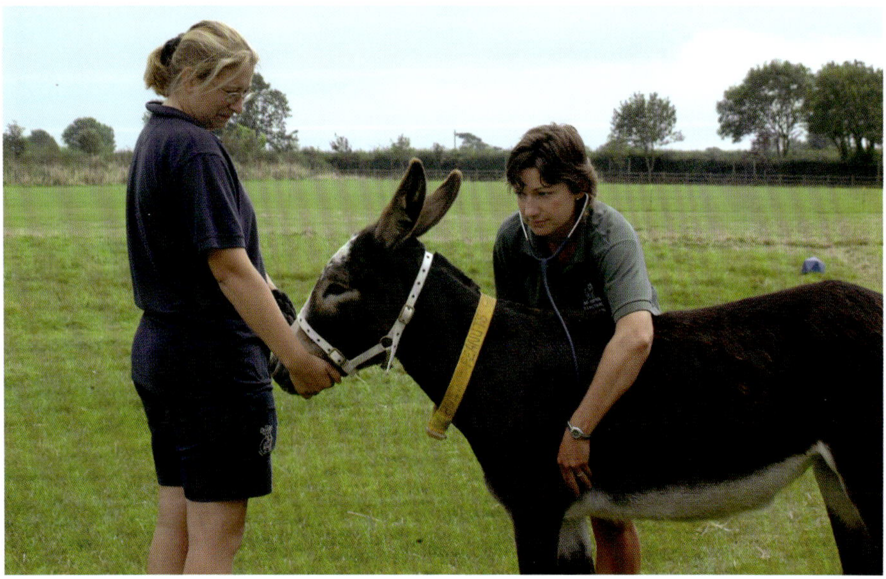

Examen vétérinaire

Note d'état corporel

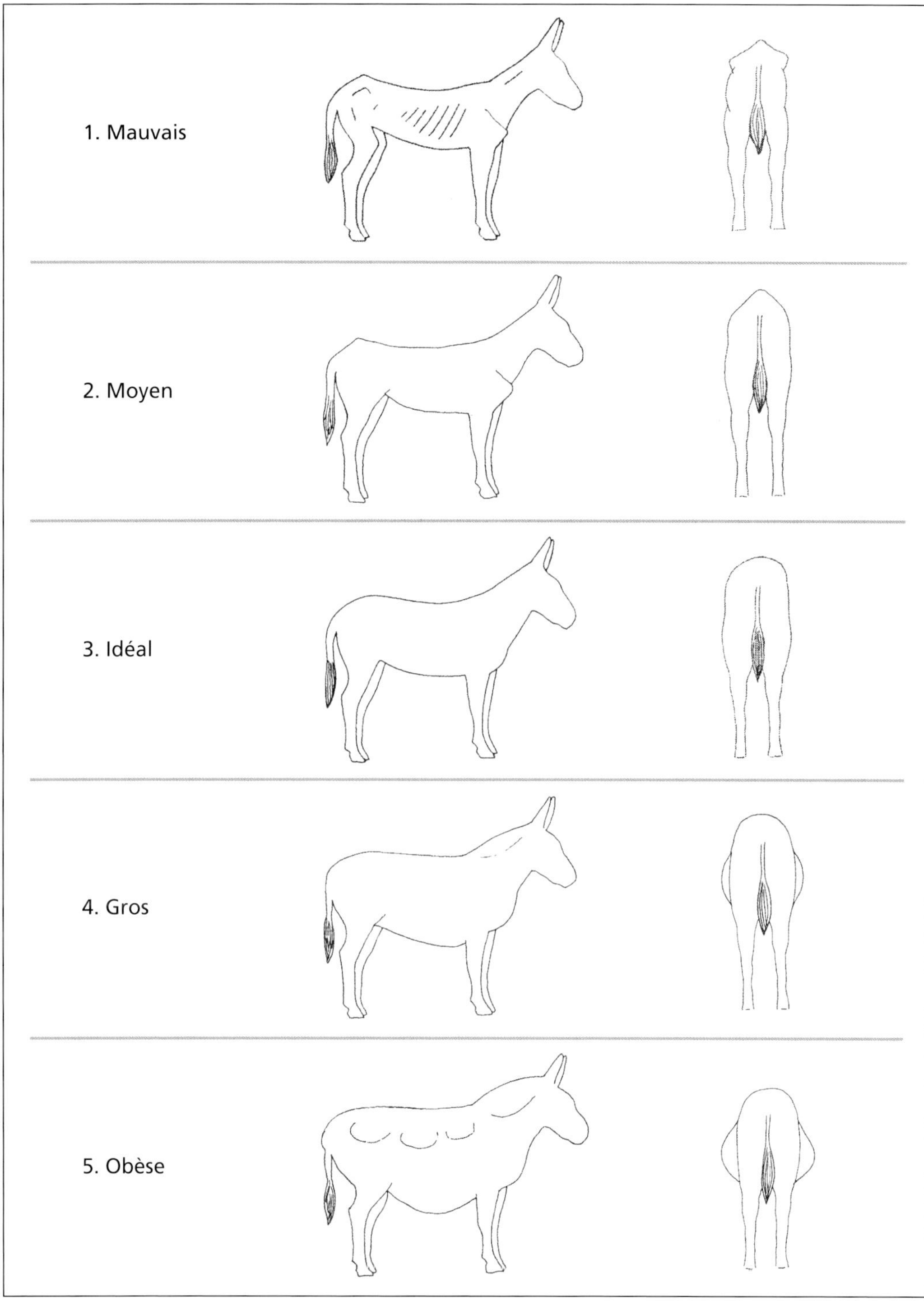

Les dépôts de graisse peuvent être répartis de façon inégale, particulièrement sur l'encolure et l'arrière-main, où certains peuvent persister en cas de perte de poids et/ou se calcifier (durcir). Une évaluation soigneuse de toutes les zones doit être faite et combinée pour donner une note globale.

Si l'âne est dans son paddock ou en stabulation quand le vétérinaire arrive, un seau de nourriture doit être tenu prêt. Le vétérinaire saura déjà beaucoup en observant comment l'âne réagit à sa nourriture : s'il la mange, s'il l'ignore...

Il faut garder en mémoire une image globale de la situation. L'âne aura aussi besoin :

- d'un programme de routine, que conseillera le vétérinaire ;
- d'un programme de désinfestation de routine, que conseillera le vétérinaire ;
- d'une visite du maréchal-ferrant toutes les six à dix semaines ;
- de vaccinations annuelles ;
- de bilans dentaires annuels – les ânes âgés et les ânes avec des problèmes de dents peuvent exiger des examens plus réguliers.

Problèmes médicaux courants

Hyperlipémie

Tous les propriétaires d'âne doivent connaître la pathologie connue sous le nom d'hyperlipémie, car elle entraîne un pronostic souvent fatal, même lorsqu'elle est diagnostiquée et traitée sans délai. Les ânes, y compris les ânes miniatures, et les petites races de poneys sont tout particulièrement sujets à cette maladie dévastatrice, reconnue depuis les années 1960. Les ânes sont faits pour vivre dans des environnements rigoureux – déserts, landes, etc. – où les pâtures sont médiocres et la nourriture rare. De ce fait, ils ont tendance à prendre du poids et à faire des réserves de graisse excédentaire quand ils sont mis en pâture avec un complément d'alimentation. Et malheureusement, quand ils cessent de s'alimenter, quelle qu'en soit la raison, survient l'hyperlipémie.

Que se passe-t-il dans le corps en cas d'hyperlipémie ?

Quand l'âne cesse de s'alimenter suffisamment, les organes essentiels continuent d'avoir besoin de se nourrir, de sorte que le corps s'efforce d'utiliser l'énergie stockée dans les dépôts de graisse. Le résultat, c'est que les acides gras libres sont envoyés vers le foie pour y être transformés en glucose utilisable par le corps. Ce système est contrôlé par des événements hormonaux complexes, qui doivent interrompre la libération de graisses par les stocks de graisse pendant que le foie produit le glucose pour le corps. Malheureusement, les ânes et les petits poneys ne sont pas capables d'arrêter efficacement la libération de graisses, et le sang ne tarde pas à se charger de l'excédent en circulation. Le vétérinaire peut mesurer les graisses en circulation dans le sang sous forme de triglycérides. De grandes quantités de graisse provoquent la dégénérescence et la défaillance du foie et des reins, et au final de tous les organes, causant des dommages irréversibles et une mort rapide.

Quelles sont les causes de l'hyperlipémie ?

Plusieurs facteurs de risque ont été identifiés comme favorisant cette maladie. On sait que les femelles y sont plus sujettes que les mâles, particulièrement si elles sont gestantes ou allaitantes, moments où les besoins en énergie sont élevés. Les animaux en surpoids et obèses présentent bien plus de risques que ceux dont le poids est normal. Le stress peut provoquer cette pathologie, l'animal réduisant alors sa consommation alimentaire. L'origine du « stress » peut être très variable. Les changements d'habitudes, par exemple les déplacements, la séparation d'avec ses compagnons, l'introduction d'un nouvel animal dans le groupe, la perte d'un ami ou le mauvais temps, peuvent tous perturber un âne. Une maladie latente peut aussi déclencher le processus : infestation parasitaire importante, problèmes dentaires, coliques ou étouffement.

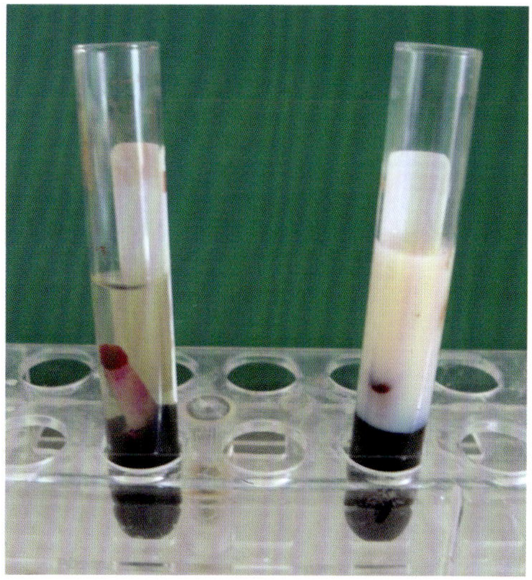

Prélèvements de sang. Normaux (à gauche) et hyperlipémiques (à droite)

Reconnaître les signes

Il est impératif pour un propriétaire de bien connaître son âne et de réagir aux plus subtils changements de comportement et à la moindre perte d'appétit. Les animaux hyperlipémiques présentent des symptômes non spécifiques : abattement, léthargie, perte d'appétit, fièvre et faiblesse. Ensuite peuvent apparaître des signes de défaillance du foie et des reins : encensement, tic du cercle (l'âne tourne en rond) et ataxie (mouvements non coordonnés). Dans les derniers stades, les animaux s'effondrent et ont des attaques, avant de mourir. Les premiers symptômes étant des plus vagues, vous devez réagir même aux signes les plus mineurs.

Que peuvent faire le propriétaire et le vétérinaire ?

En étant conscient de la gravité de cette condition, il est possible de la prévenir. L'âne ne doit pas prendre trop de poids. Sa consommation alimentaire doit être surveillée de très près, particulièrement quand il s'agit d'ânesses gestantes ou allaitantes. Évitez ou minimisez autant que possible les événements stressants, par exemple en fournissant un abri par mauvais temps, en couvrant d'une couverture les animaux âgés et maigres, et en surveillant attentivement le groupe lors de l'introduction de nouveaux membres. La mort d'un compagnon est un événement particulièrement perturbant, et il est recommandé de laisser l'âne survivant avec le corps jusqu'à ce qu'il semble comprendre que son ami est parti. Ce qui ne prend généralement pas plus d'une heure.

Si vous avez des motifs d'inquiétude, appelez le vétérinaire et demandez-lui d'examiner l'âne et de faire une prise de sang. Vous pouvez essayer divers aliments appétents et, si nécessaire et sous surveillance vétérinaire, donner par voie orale, à la seringue, du glucose ou même un mélange de Weetabix et d'eau. Si l'âne est très malade, le vétérinaire l'alimentera au moyen d'un tube stomacal ou par intraveineuse, qu'il associera sans doute à des médicaments anti-inflammatoires, antibiotiques et autres. L'âne peut nécessiter un traitement en clinique.

Maladie respiratoire

Les ânes peuvent souffrir des mêmes maladies respiratoires que les chevaux et les poneys, quoique la fréquence et les symptômes puissent varier. Un âne malade, quelle qu'en soit la raison, peut arrêter de manger et développer une hyperlipémie en complication secondaire. Certaines maladies respiratoires sont infectieuses et se propagent aux autres équidés. Un vétérinaire doit être appelé en cas d'altération de la respiration de l'âne.

Principaux symptômes de maladie respiratoire

- Toux au repos ou durant l'exercice. L'âne semble avoir un réflexe de toux relativement peu sensible, et, les ânes ne faisant pas généralement beaucoup d'exercice, une maladie respiratoire peut déjà en être à un stade assez avancé avant d'être détectée.
- Une fréquence respiratoire accrue. Il est important de se familiariser avec sa fréquence respiratoire normale.
- Des bruits respiratoires anormaux : cornage, bruit de klaxon, reniflement, etc.
- Un effort respiratoire accru, observable par une dilatation des naseaux et le soulèvement de l'abdomen.
- Un écoulement nasal. Celui-ci peut être liquide et clair, ou épais et jaune, et/ou associé à une mauvaise odeur.
- Des ganglions gonflés dans la région de la gorge et sous la mâchoire.
- Un « mal-être » général apparent, de la fièvre et une perte d'appétit.

L'âne peut ne pas présenter tous ces symptômes simultanément mais s'il en présente un, il est recommandé de prendre les mesures suivantes :

- Vérifier la température, le pouls et la fréquence respiratoire.
- Téléphoner à un vétérinaire et lui présenter un historique et des informations détaillées sur le problème.
- Vérifier que l'environnement est exempt de poussière. Mouiller le foin, remplacer la litière par une autre sans poussière et mettre l'âne au pré si possible. Lui proposer nourriture et eau fraîche.
- Envisager de mettre l'âne en quarantaine jusqu'à ce que la possibilité d'une maladie infectieuse ait été éliminée.

Le vétérinaire demandera peut-être les informations suivantes pour l'aider à poser son diagnostic :

- Les détails du programme de vaccination, avec les dates des derniers vaccins.
- Le détail du programme de vermifugation existant, avec les dates des dernières vermifugations et les vermifuges utilisés.

- Tout stress récent, tel que transport ou intégration à d'autres équidés.
- Tout changement d'état suivant les saisons ou les circonstances.
- Systèmes actuels d'alimentation et d'hébergement.

Le vétérinaire peut faire référence aux voies respiratoires, terme qui englobe tout l'appareil participant de la respiration : le museau, le pharynx (gorge), le larynx, la trachée et les poumons. S'il vient sur place, le vétérinaire conduira un examen clinique de l'âne, qui pourra inclure :

- La vérification de la température, du pouls et de la fréquence respiratoire.
- L'examen de l'écoulement nasal, en effectuant peut-être des prélèvements loin dans le museau.
- L'écoute de la trachée et des poumons avec un stéthoscope. Un sac respiratoire en plastique pourra être placé sur les naseaux pour accroître la profondeur de la respiration.
- Prélèvements sanguins et fécaux.
- Un endoscope à fibres optiques peut être inséré dans un naseau puis le long de la trachée afin de procéder à un examen visuel des voies respiratoires et à des prélèvements.
- Une radiographie thoracique peut être souhaitable.

Le vétérinaire prescrira un traitement ou recommandera de plus amples investigations, selon ce qui se révélera nécessaire. Ses instructions doivent être bien comprises, et toutes les prescriptions de traitement suivies à la lettre.

Principales causes de maladies respiratoires chez l'âne

Infections virales et bactériennes

Parmi les maladies les plus graves figurent la grippe équine et le virus herpès équin. La maladie bactérienne la plus grave est la gourme, causée par des streptocoques. En outre, les infections virales sont souvent compliquées d'infections bactériennes. Les infections virales et bactériennes tendent à donner à l'âne un air malade, tout en provoquant des symptômes respiratoires. Il peut perdre l'appétit, avoir de la fièvre, le nez qui coule et une toux rauque. En outre, un âne peut développer une hyperlipémie quand il est affecté par ces maladies et nécessitera souvent un traitement et des soins intensifs. Ces affections pouvant être hautement contagieuses, tous les soigneurs de l'âne doivent faire preuve d'une hygiène rigoureuse et l'âne doit si possible être isolé des autres équidés. La quarantaine peut être difficile si l'âne a un compagnon avec lequel il entretient un lien particulier, et un avis vétérinaire sera nécessaire sur ce point précis, selon la situation.

Infections parasitaires

Les ânes peuvent être contaminés par le strongle pulmonaire *Dictyocaulus arnfieldi*. S'il est rarement source de problème chez l'âne, ce parasite provoque une toux sévère chez les chevaux et les poneys qui le contractent. Une lourde charge parasitaire de strongles respiratoires chez l'âne peut par ailleurs aggraver une autre maladie respiratoire. En dépit du risque de strongle respiratoire, les ânes, les chevaux et les poneys peuvent vivre ensemble en relative sécurité, à condition de suivre le programme de déparasitage régulier préconisé par le vétérinaire. Chez les jeunes ânes, l'infection par des vers ascaris migrant dans les poumons provoquera également irritation et toux.

Allergies

Les allergies à la poussière/au pollen/aux spores fongiques que l'on trouve dans le foin et/ou au pré peuvent provoquer un rétrécissement des petites voies respiratoires, rendant la respiration de l'âne sifflante. Cette pathologie est appelée obstruction récurrente des voies respiratoires (RAO), anciennement connue sous le nom de maladie pulmonaire obstructive chronique (MPOC ou COPD) ou maladie pulmonaire obstructive associée au pâturage d'été (SPAOPD). La RAO se présente habituellement sous la forme d'une respiration sifflante et d'un effort respiratoire accru. Les ânes faisant peu d'exercice, la maladie peut devenir sévère avant d'être diagnostiquée.

Anatomique

Les ânes peuvent souffrir d'un rétrécissement de la trachée conduisant à des difficultés respiratoires, souvent accompagnées d'un bruit de corne particulier. C'est plus fréquent chez les animaux plus âgés souffrant d'une maladie pulmonaire chronique. Des problèmes dans la structure et le fonctionnement du larynx, du pharynx ou du palais peuvent aussi conduire à des bruits respiratoires anormaux.

Épouillage

Le meilleur moment pour épouiller un âne, c'est à midi, au soleil, car tous les poux semblent se rassembler sur la partie du corps de l'âne que frappent directement les rayons du soleil.

Prévention des maladies respiratoires chez l'âne

- Un programme de vaccination à jour doit être suivi contre les maladies infectieuses.
- L'âne doit être vermifugé régulièrement, suivant un plan stratégique.
- L'environnement en stabulation doit être aussi protégé des poussières que possible. Il faut utiliser un foin de bonne qualité, qui sera mouillé si nécessaire. Une litière sans poussière doit être utilisée, et la stabulation ne doit pas être nettoyée quand l'âne s'y trouve.
- La stabulation doit être bien ventilée. Les battants supérieurs des portes et les fenêtres doivent rester ouverts.

Coliques

Symptômes de coliques chez l'âne

Les coliques sont des douleurs abdominales, et les symptômes de présentation observés chez les ânes diffèrent souvent de ceux que l'on trouve chez les chevaux et les poneys. Alors que les chevaux et les poneys ont fréquemment tendance à se rouler, se coucher et gratter le sol, les ânes tendent à faire preuve de beaucoup plus de stoïcisme. Le principal signe de colique chez un âne, et souvent le seul, risque d'être un changement de comportement, comme de l'abattement ou le refus de s'alimenter. Bien sûr, les coliques ne sont pas les seules raisons possibles d'un abattement chez l'âne, mais les recherches menées au Donkey Sanctuary suggèrent que près de 20 % des ânes signalés pour abattement à notre service vétérinaire étaient en coliques. N'importe lequel des symptômes suivants doit mettre la puce à l'oreille :

- Abattement : généralement le premier signe.
- Manque d'appétit ou refus de s'alimenter.
- Âne qui se couche et regarde son ventre.
- Âne qui se roule et gratte le sol (si l'âne est en coliques, il présentera habituellement un ou plusieurs autres symptômes).
- Respiration accélérée.
- Sudation excessive.
- Gencives ou intérieur des paupières couleur rouge brique.
- Absence de crottins.

Si ces symptômes apparaissent ou si l'âne ne paraît pas bien, il faut appeler un vétérinaire en lui détaillant les symptômes qu'il présente. Si possible, il est souhaitable d'essayer d'en établir la cause et d'en aviser le vétérinaire. La condition de l'âne et son comportement doivent être surveillés en attendant l'arrivée du praticien. Pour établir la gravité de la condition de l'âne et le type de coliques présenté, le vétérinaire peut :

- Vérifier la fréquence cardiaque de l'âne.
- Prendre sa température.
- Écouter l'abdomen avec un stéthoscope pour vérifier les bruits abdominaux.
- Faire une prise de sang.
- Demander ce que l'animal a angé.
- Faire un examen rectal.

Causes de coliques

Les coliques sont plutôt un symptôme qu'une maladie, et peuvent avoir de nombreuses causes. Il existe aussi de « fausses coliques » qui provoquent des douleurs abdominales mais ne touchent pas l'appareil digestif. Les exemples incluent les douleurs dues aux contractions de la mise bas ou les défaillances d'organes internes. Toutefois, toute suspicion de coliques nécessite de toute façon des soins vétérinaires immédiats. Les coliques peuvent être causées par :

- **L'alimentation.** Un changement soudain du régime alimentaire, des aliments de mauvaise qualité, une herbe trop riche et en trop grande quantité, trop de grains. Dans certaines circonstances, les ânes en stabulation mangent leur litière, ce qui peut en être une cause.

- **L'ingestion d'objets** comme des sacs en polythène ou des bouts de longe.
- **Une mauvaise dentition.** Comme les chevaux, les dents des ânes poussent tout au long de leur vie. Il arrive que des problèmes réduisant leur capacité à mâcher correctement leur nourriture fassent leur apparition.
- **L'ingestion de sable.** Les ânes peuvent ingérer du sable, particulièrement quand ils paissent de l'herbe rare sur un sol sableux.
- **Le manque d'eau.** L'absence d'accès à l'eau peut rendre un âne plus sujet aux coliques. La consommation d'eau peut diminuer par temps froid, quand l'eau devient très froide ou même gelée.
- **Les vers.** La migration dans le corps de parasites au stade larvaire ou de grand nombre de vers adultes dans les intestins.
- **L'empoisonnement.** Ingestion de plantes toxiques.
- **Le stress.** Certains ânes ont du mal à faire face aux situations stressantes, qui peuvent déclencher ces symptômes.

Le vétérinaire s'efforcera de diagnostiquer le type de coliques dont il s'agit, mais ce n'est pas toujours possible. On trouve parfois les types suivants (liste non exhaustive) :

- Impactions ou obstructions par des aliments partiellement digérés, le plus souvent dans le gros intestin.
- Crampes musculaires (coliques spasmodiques). Cela semble être un type de colique fréquent chez les chevaux, mais plus rare chez les ânes.
- Coliques gazeuses (coliques flatulentes).
- Tumeurs de l'abdomen, particulièrement chez les ânes âgés.
- Obstructions par des corps étrangers tels que des sacs en plastique.
- Torsion de l'intestin.
- Ulcères de l'estomac.
- Vers : ténias ou nématodes.
- Pancréatite. Très grave inflammation du pancréas.

Traitement des coliques

Vous ne devez pas tenter de nourrir l'âne ou de lui donner des médicaments, le traitement dépendant de la cause diagnostiquée par le vétérinaire. Ce dernier peut décider d'utiliser un tube stomacal, d'administrer des liquides par intraveineuse (goutte-à-goutte) ou de procéder à des injections, par exemple d'antalgiques ou d'antibiotiques. Un vermifuge peut être indiqué, en fonction du récent régime de traitement de l'âne. La chirurgie est rarement nécessaire et, malheureusement, dans certains cas il n'y a pas d'autre issue que l'euthanasie.

Prévention des coliques

Les coliques sont un problème qui nécessite la plus grande vigilance ; en effet, il n'est pas rare qu'il soit déjà trop tard au moment où elles sont détectées. Le vieil adage « mieux vaut prévenir que guérir » est plus vrai que jamais ici.
Il arrive parfois que certains animaux fassent des coliques malgré toutes les précautions d'usage. Mais certaines habitudes à prendre diminuent le risque :

- Une observation attentive et journalière, à l'affût du moindre changement de comportement. D'après les recherches menées par The Donkey Sanctuary, près d'un cinquième des ânes signalés comme abattus avaient des coliques.
- La connaissance approximative du nombre de crottins quotidiens de l'âne, grosso modo, ainsi que de la consistance des fèces. Des crottins très mous ou très secs, sur la durée, pourraient être annonciateurs de coliques, particulièrement si d'autres symptômes font leur apparition.
- Le respect de bonnes pratiques alimentaires. Les changements de régime doivent être introduits progressivement, sur cinq à sept jours. Un accès constant à un régime riche en fibres, assurant une alimentation en continu, est le plus recommandé.
- L'accès à une herbe trop grasse et en trop grande quantité doit être évité, car elle peut provoquer des coliques spasmodiques ou des crampes d'estomac.
- L'accès à des céréales et autres aliments riches doit être évité. Les aliments riches, particulièrement en amidon et en sucre, entraînent des risques de fourbure, qui nécessitent habituellement de revoir à la baisse le régime alimentaire et qui peuvent entraîner des coliques occlusives.
- La pulpe de betterave non trempée, qui peut gonfler après ingestion, est déconseillée.
- L'eau doit être vérifiée pour vous assurer qu'elle n'est pas trop froide ou gelée, ce qui risque de décourager l'âne de boire et favoriser une occlusion.
- Les paddocks et les haies doivent être régulièrement passés au crible pour vérifier qu'ils ne contiennent pas de plantes toxiques. Celles-ci doivent être arrachées, et non pas coupées et laissées sur place, ou la zone doit être clôturée.
- Un programme de vermifugation doit être suivi, d'après les conseils du vétérinaire. Les crottins doivent être ramassés chaque jour dans le paddock pour éviter l'ingestion d'œufs de vers.
- L'âne ne doit pas manger sa litière, particulièrement s'il est au repos au box sous instructions vétérinaires. On peut envisager de remplacer la paille par un autre matériau moins appétissant, comme des bandelettes de papier journal ou des copeaux de bois.
- Un vétérinaire ou un dentiste équin compétent doit vérifier les dents de l'âne au moins une fois par an. Les problèmes dentaires sont plus fréquents chez les ânes plus âgés. On peut suspecter un problème dentaire si l'âne chique (fait tomber par terre des aliments partiellement mâchés) ou bave. S'il ne mâche pas correctement les aliments fibreux tels que la paille, il risque une occlusion.

En règle générale, il faut maintenir une routine régulière, car tout changement brutal de la gestion peut provoquer des coliques. L'âne, de par son stoïcisme naturel, souffre sans en faire tout une histoire. Le temps de repérer le problème, ce dernier peut d'ores et déjà être grave.

Sarcoïdes

Un sarcoïde est une forme de tumeur de la peau, le type le plus courant chez les équidés. Les excroissances peuvent apparaître soudainement et, selon leur type, grossir rapidement. Dans certains cas, elles peuvent empêcher l'âne de porter son harnachement ou son harnais, et donc de travailler. Le traitement peut être onéreux et prendre beaucoup de temps, et la guérison complète n'est pas assurée. Les sarcoïdes sont d'aspect variable. Parfois, on peut les confondre avec d'autres types d'excroissances de la peau, les verrues par exemple. Ils peuvent présenter un aspect sec et écailleux, ou saigner facilement ou s'ulcérer. Certains types de sarcoïdes sont très agressifs localement, ce qui signifie qu'ils tendent à envahir et à s'étendre sur les tissus autour. Cependant, ils sont strictement limités à la peau et aux tissus directement sous-jacents ; ils ne s'étendent pas de la peau aux organes internes. Toute masse suspecte doit être vérifiée par un vétérinaire sans délai.

Causes des sarcoïdes

La cause n'est pas parfaitement connue, bien qu'il y ait plusieurs théories, l'une étant une origine virale. Bien qu'aucune particule virale n'ait encore été trouvée, des matériels génétiques semblables à des virus ont été observés dans une grande proportion des sarcoïdes. Une caractéristique génétique particulière a été identifiée chez la plupart des chevaux avec des sarcoïdes, suggérant qu'une forte proportion de la population équine pourrait y être génétiquement encline. Certaines personnes pensent que des insectes, tels que des mouches, jouent un rôle dans le développement des sarcoïdes. Assurément, les sarcoïdes semblent apparaître à des endroits du corps où les mouches charbonneuses se nourrissent couramment, comme autour des yeux. Les mouches participent à la propagation des sarcoïdes sur un animal, mais la possibilité que les sarcoïdes soient transmissibles d'un âne à un autre est très incertaine. En été, des mesures de lutte contre les mouches sur un âne présentant des sarcoïdes sont cependant des précautions raisonnables.

Régions du corps sujettes aux sarcoïdes

Les sarcoïdes surviennent plus fréquemment sur les membres, le tronc et la tête, apparaissant sous forme d'une seule excroissance ou de plusieurs en groupe. On a observé qu'ils pouvaient se développer sur des sites de blessures ou les zones ayant subi des traumatismes ou des lésions.

Types de sarcoïdes

Les sarcoïdes ont été classés en six types principaux, chacun avec un nom scientifique pour le décrire (nodulaire, fibroblastique, verruqueux, occulte, mixte et malin). Les noms sont sans importance pour le propriétaire ; il est surtout utile de savoir qu'ils peuvent présenter des aspects très variables.

Certains sarcoïdes se présentent sous la forme de tumeurs discrètes, solides, de taille variable, qui peuvent parfois s'ulcérer, la surface saignant ou exsudant des fluides. Il peut aussi s'agir de masses charnues, parfois avec un fin pédoncule ou une base large et plate. Ce type naît souvent d'une forme plus légère après des lésions, ou de lésions de la peau sur les membres. Un sarcoïde verruqueux est gris, croûteux ou verruqueux, parfois avec de petites masses solides intercalées. Ils peuvent aussi apparaître comme des zones grises, dénudées, souvent circulaires. Les sarcoïdes malins sont le type le plus agressif ; les tumeurs s'étendent souvent à travers toute l'épaisseur de la peau. C'est une forme rare, habituellement localisée sur les coudes et la face.

Traitement des sarcoïdes

En cas de suspicion de sarcoïde, il n'est pas recommandé d'attendre que l'âne aille mieux, car il y a toutes les chances que la lésion empire ! Un vétérinaire doit être consulté dès le premier signe de sarcoïde. Le traitement le plus approprié dépend en effet de son type, et cette décision revient à un vétérinaire. Les sarcoïdes sont très difficiles à traiter efficacement. Plusieurs traitements sont communément utilisés, ce qui laisse penser qu'on n'a pas encore trouvé la panacée universelle. Ils ont des effets variables. Certains peuvent rencontrer un grand succès en certaines occasions, et se montrer inefficaces dans d'autres. Mais sans traitement, un sarcoïde peut devenir plus agressive, et souvent se multiplier ; il est donc important de choisir le meilleur traitement possible en première ligne. Au Donkey Sanctuary, nous n'utilisons pas de thérapies « alternatives » pour les sarcoïdes car, en dépit de rapports anecdotiques, il n'y a pas de preuve claire de leurs bienfaits. En effet, il peut être difficile d'évaluer un traitement inhabituel : en de rares occasions, les sarcoïdes semblent régresser sans aucun traitement. Tarder à commencer un traitement sous la supervision d'un vétérinaire, c'est risquer de voir le sarcoïde grossir et donc devenir plus difficile à éradiquer.

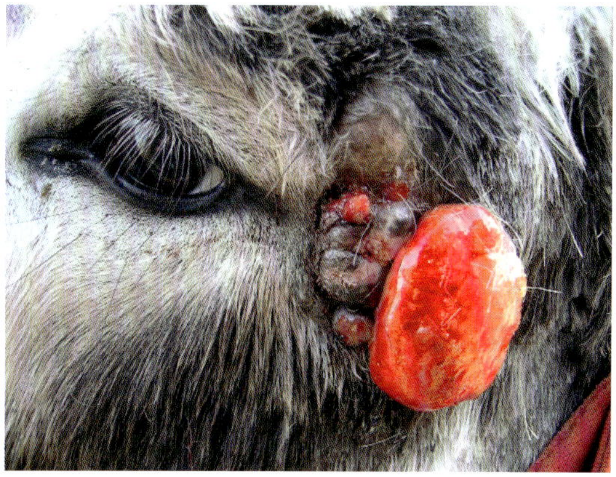

Sarcoïde

Voici les méthodes de traitement qu'utilisent les vétérinaires :

Ablation chirurgicale. Cette technique peut être efficace pour les sarcoïdes de très petite taille situés dans des endroits ne présentant pas de risque. Toutefois, le taux d'échec est relativement élevé, avec une récurrence d'environ 50 %.
Une méthode apparentée (la ligature) consiste à nouer un ruban serré (que l'on peut remplacer par un élastique) autour de la base des sarcoïdes pédiculés, ce qui coupe l'alimentation sanguine et cause le desséchement de la lésion, qui finit par tomber d'elle-même.

Cryochirurgie. On utilise pour cette forme de chirurgie de l'azote liquide pour geler en profondeur les tissus malades. Ce n'est efficace que pour les sarcoïdes de taille et de profondeur limitées. C'est très long et fastidieux s'il faut traiter plusieurs sarcoïdes. Par ailleurs, le taux de récurrence est là aussi élevé.

Injection de BCG. Cette méthode fonctionne raisonnablement bien pour les sarcoïdes nodulaires et fibroblastiques autour des yeux, mais elle est bien moins efficace ailleurs. Elle présente par ailleurs des risques non négligeables, de sorte qu'elle doit toujours être accompagnée d'un traitement médicamenteux.

Chimiothérapie. L'injection de certains médicaments au centre d'un sarcoïde est un traitement utile dans certains cas. Ces substances tuent les cellules avec lesquelles elles entrent en contact. Elles sont également très dangereuses pour le manipulateur ; des précautions particulières s'imposent et ces produits sont difficiles à se procurer au Royaume-Uni.

Thérapie cytotoxique locale (crème). C'est probablement celui de tous les traitements disponibles qui donne les meilleurs résultats. Ces substances sont très fortes et peuvent endommager la peau normale aussi bien que la tumeur ciblée. La méthode est donc limitée aux zones pouvant tolérer des lésions cicatricielles cutanées.

Radiothérapie. Bien que hautement efficace, c'est une thérapie très onéreuse et à la disponibilité limitée au Royaume-Uni. On la réserve surtout aux sarcoïdes situés autour de l'œil.

Chirurgie laser. C'est une autre option en usage dans certaines cliniques vétérinaires.

Un dépistage précoce est important et peut déterminer l'issue du traitement. Il est recommandé de vérifier les poils et la peau de l'âne chaque jour, particulièrement aux endroits plus souvent sujets aux sarcoïdes.

Coup de soleil/Photosensibilisation

Les ânes à peau rose, non pigmentée, peuvent attraper des brûlures par temps chaud, et il faut leur appliquer une protection solaire à indice élevé sur les parties du corps exposées au soleil. En cas de problème aigu, on peut opter pour un masque avec un rabat détachable sur le museau. En outre, certains ânes développent une sensibilité au soleil s'ils ont une maladie du foie ou s'ils ont mangé certaines plantes comme du millepertuis. Une prise de sang est recommandée pour poser un diagnostic clinique.

Il existe de nombreux autres problèmes cutanés moins courants, et dont le diagnostic et le traitement nécessiteront un avis vétérinaire.

Traitement des blessures

Les blessures englobent les plaies ouvertes (lacérations), les abrasions (écorchures) et les hématomes.

Tout propriétaire d'un âne doit conserver une trousse de premiers soins de base dans un récipient hermétique et propre, étiqueté « Trousse de premiers secours pour âne ». Elle doit contenir : des compresses de gaze, du coton (pour les cataplasmes pour les pieds uniquement), des cataplasmes, une solution antiseptique/

nettoyante légère pour équidés, une crème antiseptique légère pour équidés, des ciseaux à bout rond, du bandage cohésif, des gants en latex, un thermomètre, une note de la date de la dernière injection antitétanos de l'âne et les coordonnées du vétérinaire et du maréchal. Le matériel usagé doit toujours être remplacé dans les plus brefs délais.

Âne portant un masque de protection

Premières mesures

Avec un âne blessé, la première chose à faire est d'éviter une nouvelle blessure. Si l'âne est effrayé, le propriétaire doit l'attraper et le calmer, sans négliger pour autant sa propre sécurité. Attention lors de l'examen des blessures, particulièrement les atteintes des membres.

Quand appeler le vétérinaire

Il convient de prendre un avis vétérinaire en cas de :

- Saignement excessif (hémorragie). Les blessures sur le bas des membres peuvent saigner à profusion. Un bandage compressif doit être appliqué avant d'appeler le vétérinaire. Pour ce faire, on peut utiliser des compresses de gaze posées sous un bandage serré pour arrêter le flot de sang.
- Plaie pénétrante ou effraction cutanée traversant toutes les couches de la peau.
- Blessure à proximité d'une articulation.
- Blessure sévère au niveau du genou ou en deçà.
- Contamination d'une blessure par de la saleté ou d'autres matières.
- Hématomes, bosses, tuméfactions et inflammation en l'absence de blessure visible, qui peuvent être le résultat d'un problème sous-jacent. Si l'âne n'est pas à jour dans ses vaccins antitétanos, il peut nécessiter une injection antitétanique et un rappel.

Soins à apporter à une blessure

Pour le traitement des blessures mineures, on procède comme suit :

- La blessure doit être rincée à l'eau tiède et propre pour nettoyer la blessure, stopper l'hémorragie et diminuer l'œdème.
- On applique ensuite avec une compresse de gaze une solution antiseptique diluée selon les instructions inscrites sur l'emballage et recommandée par votre vétérinaire.
- Il faudra peut-être couper les poils autour de la plaie pour qu'elle reste propre. Sauf instruction expresse du vétérinaire, les désinfectants en spray ou en poudre sont à éviter, ceux-ci pouvant entraîner les résidus de saletés plus loin dans la plaie.

En cas de crainte d'infection, il faut prendre l'avis d'un vétérinaire. Si ce dernier recommande de bander la blessure, elle doit être surveillée tous les jours pour vérifier l'absence de contamination, d'écoulement ou d'odeur déplaisante ou d'infestation par des insectes. Les plaies en cours de cicatrisation peuvent causer une irritation. En cas de traumatisme auto-infligé (morsure, frottement, grattement sur le site de la blessure), il convient de prendre conseil auprès d'un vétérinaire.

Note : Un bandage mal fait peut faire plus de mal que de bien ; il est donc essentiel de demander conseil à un expert.

L'âne âgé

On croit souvent que l'espérance de vie normale d'un âne en Europe occidentale dépasse quarante ans. Effectivement, certains individus vivent quarante ans et plus, mais beaucoup présentent des signes de vieillissement passé vingt ans. En fait, au vu des archives du Donkey Sanctuary, nous estimons la durée de vie moyenne à un peu moins de trente ans. Dans cette idée, nous suggérons de veiller sur les ânes de plus de vingt ans selon les directives suivantes, si cela semble nécessaire :

- Le poids de l'âne, la mesure du passage de sangle et sa note d'état corporel doivent être consignés chaque mois, afin de repérer plus vite une perte de poids graduelle.
- L'âne doit être nourri selon son poids et sa note d'état corporel, en faisant particulièrement attention aux problèmes dentaires et aux risques de fourbure. De petits repas fréquents, riches en fibres digestes, sont souvent nécessaires quand les molaires s'usent et ne parviennent plus à broyer efficacement le foin et la paille.
- Les dents de l'âne doivent être vérifiées régulièrement, éventuellement tous les six mois, ou suivant l'avis du vétérinaire.
- Les vaccins, notamment contre le tétanos, doivent être tenus à jour.
- Les ânes âgés ont besoin de soins et de traitement en continu contre les parasites internes.
- Un passage plus fréquent du maréchal peut être nécessaire. Quand les sabots vieillissent, ils peuvent en effet s'abîmer plus facilement. Un sol propre, sec et non caillouteux, particulièrement en hiver, minimise les problèmes de pied. Le curage des pieds doit se faire en douceur, les membres et les articulations pouvant être raides.
- Les vieux ânes perdant du poids, il devient plus important de leur fournir des couvertures adaptées et une protection adéquate contre les intempéries. Les couvertures doivent être vérifiées et remises en place chaque jour.
- Les ânes âgés sont souvent arthritiques et ont du mal à s'attaquer aux pentes abruptes. De même, ils peuvent avoir plus de difficulté à supporter les jeux et les brutalités de jeunes compagnons plus turbulents. Un paddock plat, partagé avec des compagnons de tempérament similaire, est l'idéal. Toutefois, un peu d'exercice et des promenades en main font du bien à leurs vieux membres.

- L'arthrite n'est pas rare dans l'encolure, la colonne vertébrale ainsi que dans les articulations des membres. Les ânes affectés ont moins de mal à boire et à manger si l'eau et la nourriture leur sont proposées à la bonne hauteur – que l'on identifiera en montant ou en abaissant les seaux de nourriture et d'eau.
- Ces vieux compagnons apprécieront d'être soignés et pansés chaque jour. Les vieux ânes ont souvent des poils plus épais et peuvent avoir du mal à s'en défaire, de sorte qu'ils peuvent avoir besoin de pansages plus fréquents.

Gérer la mort/l'euthanasie

La mort et l'euthanasie parfois sont malheureusement inhérentes à la vie d'un propriétaire. Dans de nombreux cas par exemple, en cas de blessure grave ou de problème médical en phase terminale, l'euthanasie est clairement la seule décision raisonnable. Cependant, il est de plus en plus fréquent, particulièrement avec les ânes âgés qui ont besoin de soins, que la qualité de vie se détériore progressivement. On peut comprendre qu'il soit difficile dans ces circonstances de décider quand l'euthanasie est la bonne décision. Un vétérinaire peut apporter aide et conseils mais la décision, au final, incombe au propriétaire. Il est souvent

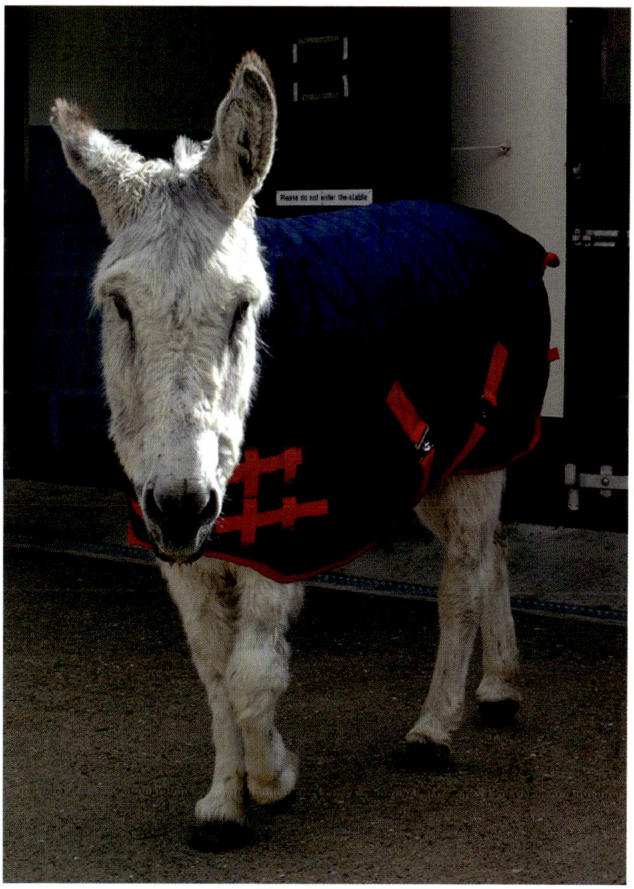

Un âne âgé avec une couverture

de bonne politique de discuter de tous les aspects de l'euthanasie longtemps à l'avance pour se préparer à cette éventualité et pour être sûr que le bien-être de l'âne est la première priorité. Décider avec sagesse le moment venu est le dernier acte de responsabilité et de soin envers un animal.

Il existe deux méthodes d'euthanasie : une overdose d'une substance létale administrée par voie intraveineuse ou l'utilisation d'un pistolet spécialement conçu pour une méthode humaine d'abattage du bétail. Il faut prendre le temps d'en discuter avec le vétérinaire, sans oublier de prendre vos dispositions pour le corps. Au refuge et ailleurs, il est communément admis qu'il faut laisser aux compagnons survivants du temps en compagnie du corps de leur ami défunt ; ignorer ce conseil peut causer une détresse et une angoisse non négligeables parmi les ânes survivants. Ils peuvent errer, marcher de long en large en brayant à la recherche de leur ami. Certains individus en viennent même à tomber malades si ce comportement obsessionnel leur fait perdre l'appétit. En règle générale, on compte une heure, ou le temps qu'il faudra aux survivants pour retourner à leur calme habituel et à leur schéma d'alimentation normal.

CHAPITRE 5

MANIPULATION ET ÉDUCATION

La science du comportement est un vaste sujet, d'autant plus ardu que chaque animal est un individu à part entière, et qu'en conséquence chaque schéma de comportement est unique, tant dans l'histoire de sa formation que dans son mode d'expression. Il faut comprendre qu'un âne qui se tient immobile sous les caresses exprime autant par son comportement qu'un autre qui lance une ruade.

Un problème potentiel, à ses débuts, ne se manifeste parfois que par un comportement subtilement différent. Un âne en bonne santé est alerte et curieux, intéressé par ce qui se passe autour de lui, les oreilles pointées. Il n'est pas normal pour eux de rester couchés sur des laps de temps prolongés. Un âne en bonne santé doit pouvoir se lever et se coucher facilement et se déplacer librement sans boiter, en pesant également sur chacun de ses quatre membres. Chaque âne a des caractéristiques qui lui sont propres : un compagnon préféré, un schéma de pâturage et une routine quotidienne. Un propriétaire doit apprendre à connaître les habitudes de son animal le plus vite possible !

En cas de comportement difficile ou dangereux, il convient de demander l'aide d'un professionnel avant d'entamer un quelconque programme de dressage. Lorsqu'on travaille avec un âne difficile, il faut impérativement faire attention et prendre toutes les précautions nécessaires pour éviter les accidents.

Pour établir la cause d'un comportement problématique, il faut considérer divers facteurs d'influence. Une fois la cause identifiée, il ne reste plus qu'à la supprimer, et le problème disparaît comme par enchantement.

Astuce pour attraper un âne

Les ânes ont un énorme faible pour les pastilles de menthe ! Tout en leur en donnant quelques-unes en guise de friandises (elles ne sont pas bons pour leurs dents), on peut en mettre quelques-unes dans sa propre bouche et souffler sur le museau de l'âne : attiré par l'odeur de l'haleine du soigneur, il devrait suivre docilement !

Facteurs influençant le comportement d'un âne

Évolution

Durant soixante millions d'années, les chevaux et les ânes ont été des proies, ne devant leur survie face aux prédateurs qu'à la fuite. Aujourd'hui encore, après approximativement 6 000 ans de domestication, les ânes ont toujours pour réflexe de fuir face au danger. Toute source d'inquiétude déclenche leur instinct de fuite, et ce n'est que si l'âne est limité dans sa capacité à s'éloigner qu'il aura alors le réflexe de combattre pour sauver sa vie.
Le mécanisme de combat d'un âne se déclenche plus facilement que celui d'un cheval, peut-être parce que les conditions environnementales imposent souvent aux ânes sauvages de vivre en très petits groupes, parfois même seuls, la fuite n'étant dans ce cas pas toujours une si bonne idée en termes de survie, alors que les chevaux ont tendance à vivre en troupeaux plus importants. À l'état sauvage, les ânes sont aussi plus territoriaux que les chevaux, et il en va de même des ânes domestiques, ce qui peut les rendre plus agressifs vis-à-vis des petits animaux tels que moutons, chats, poulets et chiens quand ils estiment leur territoire menacé.
Au fil de son évolution, l'âne a appris à couvrir de longues distances à la recherche de végétation dans un environnement où elle était clairsemée. Cette quête de la nourriture et l'hostilité de leur environnement le stimulaient mentalement, tout en le gardant en bonne condition physique. L'âne domestique vit dans un environnement confiné ; la nourriture est disponible à volonté et les clôtures limitent ses déplacements. La domestication peut causer de nombreux problèmes, qui peuvent surgir du fait d'une suralimentation, de l'ennui et d'interactions sociales insuffisantes.

Génétique

Les ânes héritent des gênes de leurs parents et peut-être des caractéristiques comportementales qui vont de pair, bien qu'il soit difficile de savoir s'il s'agit de traits hérités ou appris des parents dans leur plus jeune âge. Il est important de bien manipuler les ânesses gestantes, afin qu'elles adoptent envers les humains un comportement respectueux et soient ainsi un modèle bénéfique pour leur progéniture.

Environnement

L'un des éléments, et non le moindre, qu'offre l'environnement, c'est la stimulation mentale. Sans elle, des problèmes comportementaux peuvent surgir. Un espace insuffisant accentue la concurrence pour la nourriture et l'espace personnel entre les membres d'un troupeau, ce qui accroît le niveau de stress, avec de possibles répercussions sur le tempérament de l'âne. Dans leurs interactions avec un âne, les propriétaires et les soigneurs deviennent des composantes de l'environnement, et les changements dans leur comportement peuvent induire des modifications dans celui de l'âne. Tout changement dans l'environnement ou la dynamique du troupeau peut provoquer un stress et affecter le comportement de l'animal, de même que les changements de sa routine habituelle. Chaque fois que possible, les changements dans l'environnement doivent être introduits très progressivement et planifiés avec soin, afin de laisser à l'âne le temps de s'adapter sans stresser.

Douleur

La douleur est à l'origine d'une grande majorité des problèmes comportementaux, et il importe de toujours s'interroger si un âne présente un comportement difficile ou anormal non conforme à son caractère. Un âne cherchera toutes les issues possibles à la douleur. L'arthrite, les problèmes de dos et autres blessures peuvent le conduire à botter ou à refuser de donner le pied. Si soulever le pied est douloureux pour lui, un coup de pied représente alors une tentative de sa part pour le reposer au sol et ainsi soulager la douleur. Dans tous les cas de problèmes comportementaux, il est préférable de consulter le vétérinaire en première instance pour éliminer une éventuelle cause clinique. Ce n'est pas toujours facile à diagnostiquer, les ânes étant par nature particulièrement stoïques et ne manifestant pas la douleur aussi facilement que d'autres équidés.
Les raisons d'un changement de comportement peuvent être nombreuses. Quand les dents des jeunes ânes poussent, ils cherchent plus souvent à mâcher et à se faire les dents, sur des objets à portée de dents ou leurs soigneurs ! Autres problèmes possibles : ovaires cystiques, troubles hormonaux, carences en vitamines et minéraux, tumeur au cerveau, cécité, perte d'audition, maladies de la peau, photosensibilité et intolérances alimentaires, pour ne citer qu'eux. Les ânesses sont susceptibles d'être en chaleur toutes les trois semaines pendant quatre à six jours et, pendant cette période, leurs hormones peuvent les rendre agressives ou difficiles ou, à l'autre extrémité du spectre, exagérément sociables ! Il est important de se souvenir que les chaleur n'ont pas lieu toute l'année, et qu'il n'y en a généralement pas en hiver.

Apprentissage et expérience passée

Comme chez les humains, l'apprentissage de l'âne commence à l'instant même de sa naissance et se poursuit jusqu'à sa mort. En permettant à un ânon de se sociabiliser et de grandir correctement au travers des diverses phases de son développement juvénile, on réduit d'autant plus les risques de troubles comportementaux à l'âge adulte.
Les situations génératrices de douleur ou de peur apprennent rapidement à l'âne à craindre les personnes parties prenantes de cette expérience. Durant l'apprentissage, un âne ne considère pas son comportement comme bon ou mauvais pour l'homme, mais simplement comme efficace ou non pour lui. Un comportement inacceptable pour le propriétaire ne pose aucun problème de conscience à un âne !
Les ânes apprennent d'autant plus facilement que la leçon est proche de leur comportement naturel. Les activités totalement étrangères à leur nature comme être attelé, monté, tenir le pied en l'air pour le maréchal ou voyager dans un van peuvent être plus longues à apprendre car elles n'ont pas le moindre rapport avec leur comportement naturel.

J'ai dit non !

Quand la mère discipline son ânon, elle lui donne souvent un vif coup de dents juste au-dessus des genoux. Une astuce, pour dresser un jeune âne, consiste donc à lui donner une légère tape à cet endroit. Le jeune âne saura immédiatement qu'il s'agit d'une réprimande et en tiendra mieux compte qu'il ne le ferait avec une autre forme de punition.

Interactions avec les humains

Les compétences, l'expérience et l'assurance du soigneur influencent le comportement de l'âne. Ce dernier est un animal grand et fort, et il est tout à fait normal pour un soigneur inexpérimenté de manquer d'assurance ou même d'avoir peur. Quiconque a l'intention de s'occuper d'un âne doit acquérir autant de connaissances et d'expérience que possible avant d'entamer une quelconque tentative de dressage.
Le dressage et la manipulation d'un âne déterminent son comportement. Un dresseur expérimenté qui communique bien avec lui l'aidera à surmonter ses problèmes et à apprendre rapidement.

Communiquez avec votre âne

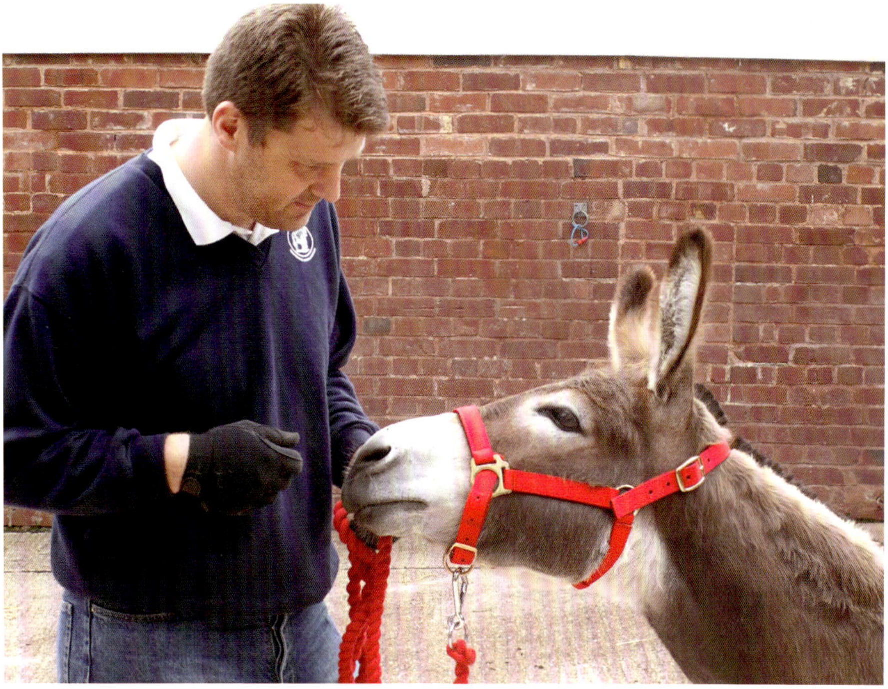

Têtu ou malin ?

Un âne apprend-il vite ?

Bien entendu, la vitesse d'apprentissage dépend de ce que l'âne essaie d'apprendre. Quiconque possède un âne se rend compte qu'ils apprennent bien vite que le bruit du verrou de la salle de mâche qui s'ouvre signifie que c'est bientôt l'heure de manger ! Ils savent aussi vite contrôler leurs humains, en leur apprenant à les gratter là où ça démange, ou à donner des friandises. On voit souvent un âne se retourner pour présenter sa croupe parce qu'il veut qu'on la lui gratte : plutôt malin !
Un âne qui, par le passé, a été bien manipulé et a reçu un enseignement positif est plus enclin à faire confiance et plus motivé pour apprendre de nouvelles choses par ses interactions avec les humains et son environnement. Pour être mieux assimilées, les leçons doivent être données en petites sections ou étapes faciles à comprendre, un processus qui revient en fait à modeler le comportement. Chaque âne est un individu à part entière et la capacité à apprendre varie

grandement de l'un à l'autre. Elle dépend en grande partie de la capacité du dresseur à communiquer avec précision et cohérence ce qu'il demande.

Étapes du travail sur les problèmes comportementaux

- Faire examiner l'animal par un vétérinaire qui identifiera les douleurs ou problèmes médicaux.
- Établir les causes possibles du comportement.
- Prendre contact avec un professionnel.
- Étudier le problème comportemental.
- Élaborer un plan de remise en forme ou de travail.
- Créer un environnement de travail sûr.
- Prévoir tout le temps nécessaire au travail.
- Procéder par petites étapes, sans précipitation.
- Récompenser les bons comportements.
- S'attendre à constater une aggravation du comportement avant l'amélioration.
- Observer le langage corporel de l'âne.

Qu'est-ce qui encourage un âne à apprendre ?

Il est très aisé de motiver un âne en lui offrant des choses qu'il trouve naturellement agréables, comme de la nourriture, des grattements, une interaction sociale avec d'autres animaux, peut-être un moment de liberté au pré. Les ânes ne sont pas tous motivés par les mêmes récompenses, ni au même degré. L'utilisation des grattements pour motiver l'animal rappelle deux ânes se faisant un « grooming » mutuel et il a été scientifiquement prouvé chez le cheval que le grooming dans la région du garrot peut ralentir le pouls de l'animal. Toutefois, caresser un âne en le tapotant n'est pas réellement considéré comme une expérience positive par l'âne. Entre eux, les ânes ne se tapotent pas, et le geste est donc difficilement compréhensible pour eux. Il est en outre très similaire au geste que l'on ferait pour écraser une mouche ou pour frapper l'animal ; il vaut donc toujours mieux, en guise de récompense, gratter l'animal plutôt. L'homme préfère peut-être flatter l'âne, mais l'âne apprécie beaucoup plus d'être gratté.

Grooming mutuel

Un âne peut aussi être motivé par le désir d'éviter un stimulus négatif, tel qu'une traction sur la longe ou un langage corporel agressif. Ce type de motivation doit être utilisé avec précaution, en comprenant parfaitement les conséquences d'une utilisation abusive. Le stimulus négatif ne doit pas être utilisé avec excès ou majoré. Quand il est nécessaire d'utiliser ce type de stimulus négatif pour motiver l'âne, une récompense doit aussi venir encourager le bon comportement.

Peut-on apprendre à un vieil âne à faire de nouvelles grimaces ?

Avec un âne âgé, ou face à un comportement installé depuis des années, on a tendance à croire le comportement immuable. Pourtant, il est toujours possible d'enseigner à un âne âgé un comportement nouveau. Une fois mentalement stimulé, confronté à des difficultés à résoudre et à des défis à relever, il assimile rapidement la nouveauté. Bien entendu, un comportement solidement ancré chez un âne âgé est plus difficile à changer, de sorte que le dressage pourra prendre plus longtemps.

L'âne ne tend pas par nature à être agressif, entêté ou difficile ; il est seulement enclin à apprendre et à survivre. En conséquence, voilà la réponse à la question : « Les ânes sont-ils intelligents ? ». Ils apprennent remarquablement bien à survivre et à éviter les activités qu'ils jugent difficiles, effrayantes ou douloureuses. Ils ont une bonne mémoire et assimilent facilement. En résumé, ils savent parfaitement être de très bons ânes !

Comprendre le comportement d'un âne difficile

L'évolution n'a pas équipé l'âne domestique pour faire preuve de créativité dans la résolution des problèmes. Après tout, leurs ancêtres ont survécu des millions d'années en fuyant face à tout ce qui pouvait les mettre en péril. En limitant leurs possibilités de fuite, on peut déclencher leurs autres instincts naturels face à un problème à résoudre, à savoir botter, mordre ou se cabrer.

Malheureusement, les activités problématiques pour un âne domestique sont aussi essentielles à son bien-être : être attaché, donner le pied, accepter le pansage et les soins du maréchal ou du vétérinaire. Alors pourquoi certains acceptent-ils tous ces aspects de la domestication avec calme, tandis que d'autres trouvent les soins les plus élémentaires absolument intolérables ?

Les trois raisons premières d'une manifestation de comportement difficile chez un âne sont la douleur, la peur et l'incompréhension de ce qu'on attend d'eux. Il est important à ce stade de dissiper la légende qui dépeint l'âne comme une créature têtue et délibérément contrariante. Tirer du plaisir de l'inconfort ou de la colère de l'homme est un processus mental extrêmement compliqué, et il est peu probable qu'un équidé, quel qu'il soit, en soit capable. Si l'âne est capable de nous tromper délibérément, alors pourquoi porte-t-il de lourds fardeaux ou accepte-t-il de durs labeurs dans tant de pays ? En fait, cette espèce est par nature obéissante et souple face aux exigences de la domestication. Si ce n'était pas le cas, nous n'aurions d'ailleurs pas pu la domestiquer. L'âne peut taper plus fort que nous, mordre plus profondément et courir plus vite ; il n'a aucune raison d'obéir à l'homme, et pourtant il s'exécute de bon gré dans la plupart des cas.

Si un âne change brusquement de comportement ou s'il est facile partout sauf dans une activité en particulier, il est plus que probable que la douleur est, ou en a été, la cause. L'élimination ou le contrôle de la douleur peut entraîner une rapide amélioration de comportement.

En règle générale, plus un âne est nerveux ou craintif, plus il est enclin à développer un problème comportemental. Une fois encore, les difficultés surviennent quand nous jugeons le comportement de l'âne d'après notre perception humaine de la situation. Pour nous, les soins de maréchalerie ou vétérinaires sont bénéfiques, et nous ne représentons aucun danger, non plus que les soins de routine comme le pansage ou les soins des pieds. Sachant cela, un âne qui tente de les éviter semble à nos yeux absurdement difficile. Pourtant, combien sommes-nous à avoir peur des hôpitaux ou des dentistes ? Nous avons nous aussi nos propres terreurs, comme les araignées, l'altitude, l'avion, les espaces confinés, les rats, etc. Imaginons notre propre réaction si l'on nous forçait à affronter ces peurs pour mieux comprendre les motifs du comportement de notre âne.

La peur peut être engendrée par des expériences passées. Un âne brutalisé par le passé se montre toujours craintif au premier abord, même avec de nouveaux propriétaires plus patients et plus compréhensifs. C'est pourquoi il peut s'effrayer à la vue du maréchal, du vétérinaire ou simplement du licol. Un changement dans le comportement et le langage corporel du soigneur peut aussi déclencher la peur. Si un âne ignore ce qui se passe ou ce que l'on attend de lui, il a tendance à essayer de résoudre le problème en s'enfuyant ou, s'il ne le peut pas, en se défendant.

Pour un âne, il est normal de communiquer avec ses congénères en utilisant un langage corporel tel que la menace d'une morsure ou d'un coup de pied. La fuite est un comportement normal et acceptable. Il est donc tout aussi normal et naturel pour lui de l'utiliser pour communiquer avec les humains. Nous, tout naturellement, voulons utiliser notre propre mode de communication habituel à savoir le langage, pour communiquer avec les ânes, bien qu'ils ne parlent pas. Fondamentalement, le comportement que nous jugeons difficile ou mauvais est souvent considéré par un âne comme bon ou efficace.

Un âne qui n'aime pas être pansé s'agite et gratte du pied jusqu'à ce que le pansage prenne fin et qu'il soit libéré. L'âne ne comprend pas que le pansage s'arrête parce que le soigneur a fini, mais croit plutôt qu'à force de se tortiller et de taper du pied, il a réussi à le faire s'arrêter, de sorte qu'il refait la même chose au pansage suivant.

Dressage

Comment modifier le comportement d'un âne

Les principes élémentaires applicables sont les mêmes quel que soit le comportement indésirable. Après avoir vérifié qu'il ne provient pas d'un problème médical, il faut prendre le temps d'enquêter sur la raison la plus probable.

La cause de la résistance à la manipulation des pieds étant souvent incertaine, la meilleure approche consiste à travailler sur plusieurs domaines en même temps. Se focaliser sur les pieds seuls, quoique ce soit une approche courante, est la plus délicate et bien souvent la plus dangereuse.

Les aspects à travailler sont la confiance, l'assurance, les limites comportementales, l'immobilité, la remise en place de la hiérarchie et l'extension des zones de confort de l'animal par rapport à ses pieds.

Créer un environnement sûr

La sécurité doit toujours être la préoccupation première durant le dressage, ni le dresseur ni l'âne ne devant risquer de blessure. Contrôler l'environnement, c'est veiller à éliminer tout danger physique visible. Si possible, il faut limiter l'aire de travail. Mieux vaut travailler dans une écurie ou dans une petite cour plutôt que dans un pré. Toute partie prenante doit être parfaitement consciente de la situation, et toute distraction inutile éliminée. Les autres ânes doivent être tenus à l'écart comme il convient mais, s'il s'agit de compagnons proches, ils doivent être suffisamment près de l'animal au travail pour que leur absence ne lui cause pas de détresse.

Prendre le temps de travailler correctement la première fois

Il ne faut pas précipiter le travail, ne pas essayer de brûler les étapes, ce qui peut causer erreurs ou accidents. Il est important de ne progresser qu'à la vitesse qui convient à l'âne et de poser des fondations comportementales solides avant de passer au niveau de difficulté suivant.

Dresser un plan

Un plan écrit est essentiel pour mettre en place un bon travail, en décomposant le comportement attendu au final, par exemple donner le pied dans le calme, en petites étapes, gérables et réalisables. Cette progression raisonnée aide l'âne à affronter ses craintes en toute sécurité ; il a donc moins peur et apprend plus facilement. Elle aide aussi le dresseur à reprendre confiance s'il l'a perdue, avant de passer à des phases plus ambitieuses du travail.
Il est dangereux d'essayer de prime abord de prendre le pied d'un âne habitué à botter. Toutefois, la manœuvre peut être décomposée en petites étapes plus sûres, par exemple le pansage de chaque partie du corps de l'âne, puis le passage à l'immobilité sous le contact de la main sur toutes les parties du corps. Au fur et à mesure que l'âne se tranquillise face au contact de la main, le dresseur peut descendre plus bas le long du membre jusqu'à relever le pied une fraction de seconde. Il augmente ensuite le temps en l'air à cinq secondes, dix secondes, etc.

Le bon comportement, une priorité

Le comportement souhaité doit être communiqué à l'âne, ce qui se fait par la récompense – grattement, grooming, attention générale, nourriture. Les récompenses sous forme de friandises n'incitent pas l'âne à mordre si elles sont utilisées à bon escient, mais il ne faut jamais donner de récompense pour un comportement qui peut être considéré comme si peu que ce soit brutal ou agressif. L'âne qui accepte d'être attrapé peut être récompensé d'une friandise puis relâché, ce qui multiplie les chances de l'attraper à nouveau.
Une autre manière de marquer un comportement correct est ce que l'on appelle dans le jargon scientifique le renforcement négatif. Si l'âne n'aime pas être pansé, la pression de la brosse est pour lui négative, et il cherche à s'en éloigner. Il essaie

d'éliminer la pression en s'agitant, voire en bottant. Durant ce comportement négatif, la brosse doit rester au contact. Mais dès que l'âne s'immobilise, la brosse doit être retirée cinq secondes, ce qui lui enseigne que l'immobilité est un moyen plus efficace pour se débarrasser de la brosse que l'agitation ou les coups de pied. Pareillement, un âne qui botte quand on essaie de lui prendre le pied tente d'éliminer le stimulus négatif que représente la main. Si le dresseur continue de faire gentiment reposer sa main sur la jambe et qu'il ne l'enlève que lorsque l'âne se tient tranquille, ce dernier apprend que les coups de pied ne font pas disparaître la pression négative, alors que l'immobilité y parvient.

Toujours terminer une leçon sur une bonne note

Il est capital de terminer une leçon de dressage sur une note positive. La progression dans le comportement par rapport au début de la leçon doit être la note finale, ce qui renforce l'adoption du comportement correct. Peu importe que l'amélioration soit minime ou que l'objectif final n'ait pas été atteint, seul compte de terminer la session sur une certaine amélioration.

Un mauvais comportement empire avant de disparaître

Quand un âne réalise que le comportement indésirable ne marche plus, il essaie d'abord plus fort pour que ça marche ! Une tendance qui va naturellement en

Prendre le pied

déclinant au fur et à mesure que le dresseur lui montre le comportement qui marche. Attention à ne pas arrêter la séance de travail quand le comportement indésirable s'accentue, ce qui apprend à l'animal à poursuivre cette mauvaise habitude avec une force renouvelée ou pendant plus longtemps.

Extension des zones de confort de l'âne

Pour modifier pour le mieux le comportement d'un âne, il est nécessaire de faire des choses qui le mettent légèrement mal à l'aise sans le pousser à bout, comme, pour nous, une thérapie qui nous demanderait de gérer nos peurs et nos phobies sans nous y confronter directement d'un coup. On appelle les niveaux de tolérance les « zones de confort ». On peut l'observer quand un âne commence à percevoir du danger ou de la peur et modifie son langage corporel en conséquence, agitant la queue ou s'éloignant. Certes, il faut travailler avec lenteur et prudence, mais il est aussi important de repousser les limites des zones de confort de l'âne pendant le dressage ; c'est ainsi qu'on lui enseigne et qu'on le rend plus confiant. Si chaque fois que l'âne a l'air nerveux, on arrête le travail, il n'apprendra jamais à gérer les problèmes de la domestication. Mais attention à ne pas les dépasser et aggraver ainsi le problème. L'erreur courante chez beaucoup de dresseurs consiste à repousser trop rapidement les limites, forçant l'âne à se mettre sur la défensive ou à réagir avec crainte.

Il faut commencer par essayer de découvrir s'il n'a pas de souci à se laisser attraper ou simplement à se tenir à côté de l'homme. S'il n'est pas prêt à faire ces choses anodines, rien ne sert de se lancer dans des difficultés, comme prendre le pied. S'il ne craint pas de se laisser attraper et s'il se tient de bon gré à côté du dresseur, l'étape suivante consiste à définir s'il se laisse toucher sans broncher le garrot, le dos, la croupe, la queue, le grasset, etc. La première inquiétude qu'il manifeste, en tentant de s'éloigner ou en exprimant un inconfort, marque le point de départ du travail.

Quel que soit le domaine du travail, on doit se préparer à repousser les limites des zones de confort, même si l'on est soi-même mal à l'aise devant le mal-être de l'animal. Mais cet enseignement est impératif, pour le propre bien de l'animal.

Confiance

La confiance est la capacité à prédire le comportement d'un autre animal ou d'une autre personne. La seule façon d'acquérir la confiance d'un âne, c'est de faire avec lui des activités qui le déstabilisent par certains aspects, mais réalisées en toute sécurité et dans le calme. Le meilleur moyen, c'est de l'emmener se promener en main dans son environnement. Des obstacles sans danger, comme une bâche de plastique par terre (repliée plusieurs fois initialement), des fanons, des banderoles, des parapluies, etc. sont une possibilité.

Il est important de ne pas essayer de contraindre l'âne à affronter l'obstacle, mais plutôt de le laisser apprendre comment. Le dresseur le fait marcher autour de l'obstacle et devant, avant de le faire passer par-dessus, dessous ou au travers. Ainsi, la confiance grandit entre l'âne et le dresseur, et l'âne gagne en assurance face aux situations difficiles. Certains ânes ont besoin de plusieurs séances avant de pouvoir affronter un obstacle.

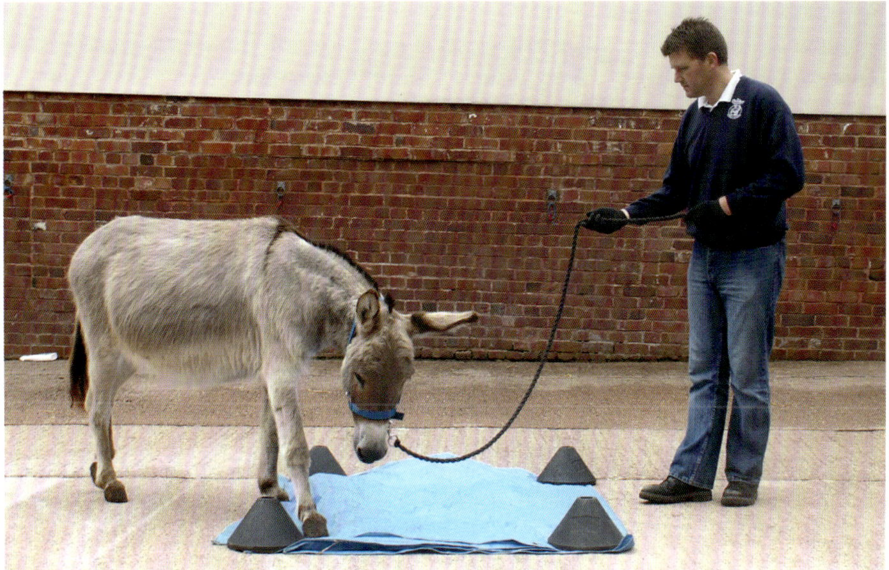

Affronter les obstacles

Immobilité

Dans la domestication, beaucoup de nos interactions avec l'animal lui imposent de rester immobile pendant des procédures difficiles ou inconfortables. L'âne doit donc apprendre à se tenir immobile. Cette leçon doit être enseignée à un moment où il n'y a rien autour qui puisse l'effrayer. Si l'âne s'éloigne quand on touche son dos, on reste à côté de lui en se déplaçant prudemment sur le côté, de sorte que la main puisse rester au contact avec le dos. Patience et persévérance s'imposent. Quand l'âne se tient tranquille, on relâche la pression en remettant la main à un endroit où le contact ne le perturbe pas. Ainsi, il apprend que s'il se tient tranquille, le geste effrayant s'arrête.

Une fois l'âne à l'aise, on passe à autre chose pour repousser les limites de ses zones de confort, par exemple en le touchant ailleurs. S'il accepte et s'il apprécie réellement qu'on lui gratte l'encolure ou le garrot, on peut le récompenser ainsi de son immobilité.

Fixer des limites et établir l'ordre hiérarchique

Les ânes lisent le langage corporel pour y trouver des informations sur le comportement probable et la position dans le troupeau. Ils semblent nous considérer comme un membre de leur troupeau, et notre place dans leur hiérarchie personnelle détermine leur comportement vis-à-vis de nous. Il n'est pas nécessaire d'être dominant ; cependant, un leadership cohérent et juste favorise l'évolution de son comportement.

On commence par décider quels comportements on juge acceptables ou inacceptables, et comment gérer un comportement inacceptable. La punition comme moyen de contrôle est à éviter. Le faire régulièrement sortir de l'espace du dresseur peut être une façon de corriger un âne qui a tendance à bousculer. Pour changer l'ordre hiérarchique, le dresseur doit veiller gentiment à ne pas se laisser contrôler par l'âne.

Si un âne doit accepter de donner calmement ses pieds, il doit d'abord accepter le contrôle d'autres parties de son corps et la restriction de ses mouvements. Se tenir sur trois membres en étant attaché est à ses yeux un comportement dangereux s'il ne fait pas confiance au dresseur. Les ânes soumis ne contrôlent pas le mouvement des ânes dominants.

Il n'y a rien de mal à faire des « papouilles » et à accorder de l'attention à un âne, mais pendant le travail sur un comportement indésirable, ces moments doivent être limités à ceux où il se comporte bien. Les gestes du dresseur déterminent le comportement de l'âne ; le dresseur doit donc faire attention à veiller, par ses gestes, à ne pas lui barrer la route du succès.

Quiconque interagit avec l'âne doit agir avec cohérence et utiliser les mêmes règles et les mêmes méthodes de communication que le dresseur.

Étapes du changement du comportement du dresseur

- Tout apprentissage doit être décomposé en petites étapes. Ne jamais se précipiter.
- Ralentir son langage corporel et se déplacer comme si l'on était englué dans l'huile. Un langage corporel plus lent est plus facile à prédire pour l'âne, lui donnant ainsi plus d'assurance quant à ce qui vient ensuite.
- Le timing du langage corporel, dans les moments de récompense et de relâchement de la pression, doit être minuté avec précision.
- Se visualiser dans un travail réussi pour créer une image nouvelle de réussite dans sa relation avec l'âne.
- Savoir que l'habitude à éradiquer empirera avant de s'améliorer. C'est absolument normal, de même que les pics d'extinction (des retours momentanés des anciens schémas comportementaux).
- Ne pas être trop dur avec soi-même ; on est toujours en train d'apprendre et l'erreur est humaine. L'important est qu'elle demeure mineure et sans danger.
- L'âne et le travail doivent recevoir l'attention exclusive et entière du dresseur.

Il ne faut jamais oublier que l'on essaie d'inculquer à l'âne une nouvelle habitude, plus efficace que l'ancienne. Le comportement attendu doit être récompensé, la pression relâchée quand il agit bien, en utilisant le langage corporel pour le mettre mal à l'aise quand il s'éloigne ou qu'il se montre difficile à manipuler. Le timing est toujours important pendant la manipulation, et pas seulement pendant les séances de dressage. Pas de précipitation ; il importe de prendre tout le temps nécessaire et ne jamais passer à une nouvelle étape tant que la précédente n'est pas solidement enracinée.

Un journal de bord, décrivant brièvement les conditions météorologiques, les changements d'environnement et le comportement et l'attitude de l'âne, est une bonne idée. On peut aussi y noter son propre état d'esprit et son état émotionnel pour identifier les éventuelles corrélations entre l'un de ces facteurs et le comportement de l'animal.

Les séances de travail peuvent être aussi fréquentes que les engagements professionnels et la vie privée le permettent, mais ces concepts et ces principes doivent aussi être intégrés aux interactions quotidiennes avec l'âne, pour le rendre progressivement plus heureux et plus confiant dans son rôle d'âne domestique. Plus souvent on l'attrape, on le panse et on lui donne de l'attention, plus vite il sera heureux de se laisser attraper et panser. Toutefois, il ne faut pas se mettre trop de pression, ne pas chercher la réussite trop rapidement, car il faut parfois plusieurs mois pour implanter une nouvelle habitude plus appréciable.

Des ânes qui s'amusent !

CHAPITRE 6

ÉLEVAGE ET ÉDUCATION DE L'ÂNON

On demande souvent « Pourquoi faire de l'élevage ? ». La réponse la plus évoquée, malheureusement, est « pour l'argent ». Mais, compte tenu du nombre d'espèces prises en charge par des organisations de protection des animaux au Royaume-Uni, le seul motif valable de l'élevage devrait être l'amélioration du cheptel.

L'âne ne fait pas exception, et la vérité toute nue est que plus de 13 000 ânes négligés et indésirables ont été à ce jour pris en charge par The Donkey Sanctuary. Quand on compte tous les ânes dont les propriétaires ne peuvent plus s'occuper pour diverses raisons, même l'amélioration de la race ne saurait justifier la création d'un animal de plus. Toutefois, certaines personnes considèrent qu'il faut élever des ânes, mais que le naisseur potentiel doit considérer la responsabilité qu'il assume ce faisant, particulièrement considérant l'espérance de vie de l'espèce.

Cela pris en compte et après avoir fait en sorte dans la plus grande mesure possible d'assurer l'avenir de l'ânon, il faut ensuite réfléchir à faire naître un ânon qui présentera des qualités supérieures à celles de ses parents, suivant ainsi la théorie de l'amélioration. En tout premier lieu, il faut décider de qui seront les mariés, de l'endroit où se dérouleront les épousailles et du coût de la cérémonie.

Élevages

Un élevage peut posséder un ou plusieurs étalons, et plusieurs femelles, souvent suitées de jeunes d'âges variés. À l'occasion, les étalons (des mâles entiers) ne seront conservés que pour le seul usage du propriétaire, qui peut considérer que l'accueil d'animaux en visite génère des perturbations superflues dans une vie

Un jeune ânon

par ailleurs paisible. Toutefois, ils sont rares et dans leur majorité, les propriétaires d'étalons sont heureux d'accepter des ânesses en visite, et peuvent souvent offrir leurs conseils concernant le géniteur qui convient pour le futur ânon.
Les services de l'étalon peuvent être facturés : c'est le prix de la saillie, dont on doit convenir avant de prendre des dispositions pour amener l'ânesse à l'élevage. La publicité pour les étalons est rare, de sorte qu'il faut prendre personnellement contact pour connaître le prix de la saillie. Ce qui ne veut pas dire que les étalons sont rares, mais plutôt que les propriétaires sont peu enclins à dépenser de l'argent en publicité. Autre point à prendre en compte : il faudra payer les frais d'entretien de l'ânesse pendant son séjour pour la saillie, c'est-à-dire la pension, qui comprend le coût de l'hébergement de l'ânesse, de son alimentation et plus généralement de sa surveillance. Les extras comme les soins de maréchalerie et les interventions vétérinaires, s'ils s'avèrent nécessaires, seront un supplément.

Quel élevage ? Quel étalon ?

On peut déduire de ce que nous avons déjà dit que ce n'est pas un choix à faire à la légère, et il est rarement simple. L'étalon d'à côté est peut-être commode, mais il n'est pas forcément le meilleur. Celui du département voisin ferait peut-être mieux l'affaire, mais le trajet aller-retour à l'élevage risque d'être mal commode. Le meilleur est invariablement très loin et il faut des heures pour se rendre sur place. On peut finir par se voir privé de la compagnie de son ânesse pendant des semaines.

Il est essentiel de prévoir l'aventure, tant du point de vue logistique que financier. On peut commencer en se renseignant auprès des Haras nationaux ou de l'association d'éleveurs de la race choisie, qui peut vous donner des informations sur la localisation des élevages. On peut aussi se rendre à des salons judicieusement choisis accueillant des concours d'élevage et où les propriétaires d'étalons sont accessibles, bien que les ânes qu'ils présentent ne soient pas forcément les meilleurs disponibles. Un bon étalon peut être très prisé mais, au final, c'est pour sa progéniture qu'on se souviendra avant tout de lui. Les produits d'un étalon sont d'une importance prépondérante dans le choix final.

Une fois identifié un élevage proposant le type d'étalon que l'on estime adapté pour son ânesse, on prend rendez-vous pour une visite. Il importe de tirer le meilleur parti de cette première rencontre, en allant au-delà des apparences et en vérifiant que l'étalon et les conditions générales de vie sont acceptables – après tout, l'ânesse va y séjourner plusieurs semaines. Les ânes résidents ont-ils l'air heureux de leur sort, la litière dans les étables et les abris est-elle adéquate, les clôtures sont-elles sécurisées, y a-t-il de l'eau propre à disposition, les pâturages n'abritent-ils pas de plantes toxiques ? Si toutes ces conditions résistent à l'examen, il est alors temps de passer aux choses sérieuses, à savoir le choix de l'étalon. Il n'y en a peut-être qu'un, ce qui simplifie la vie, mais si ce n'est pas le cas, on doit alors garder un œil critique et prendre conseil auprès du propriétaire des étalons. Si l'ânesse a des preuves documentaires de sa lignée, il est temps de les étudier, avec l'aide du propriétaire et de sa connaissance de la généalogie de ses étalons, pour prendre la décision. Il ne faut jamais hésiter à visiter plusieurs élevages pour passer en revue plusieurs étalons avant de faire son choix, sans se laisser influencer par la popularité de l'étalon auprès des autres propriétaires, ou par sa robe. Les modes sont toujours éphémères alors que les ânes vivent longtemps, sans compter que la robe du futur ânon n'est jamais garantie.

Le plus difficile, c'est peut-être de considérer sa propre ânesse d'un œil parfaitement objectif et critique ! Même si elle est le trésor, l'amie et le bien le plus précieux de son propriétaire, elle n'est pas parfaite. L'âne parfait n'est pas encore né ! Elle aussi doit être étudiée de près, et ses points faibles identifiés, car il est important que l'étalon choisi n'ait pas les mêmes. Le propriétaire doit toujours être honnête avec lui-même.

Garder un étalon

La sagesse le déconseille, mais si l'on en fait fi, quels motifs pourrait-on avoir à garder un étalon ?

Les ânes sont des animaux sociables. À l'état sauvage, ils vivaient en troupeaux sous la férule d'un mâle dominant, qui défendait contre les mâles les plus jeunes son droit de saillir les femelles. Dans un élevage, la vie d'un étalon est souvent quelque peu différente, mais ils conservent souvent, même dans leur vie domestique, leur instinct de combattant ; ils tendent donc à vivre une vie solitaire, saillissant simplement les ânesses suivant le bon vouloir des humains plutôt que de leur propre chef. Ils sont intelligents, vifs d'esprit, et forgent des liens étonnants avec « leur humain ». Ils ont une sorte d'étincelle en eux, et souvent un sens de l'humour assez particulier, mais ils sont aussi très forts, ils ont le désir de dominer et le besoin de s'accoupler chevillé au corps. Certains vivent en agréable compagnonnage avec un hongre, ou en troupeau, mais chacun est un individu propre, qui a besoin d'un logement et de soins adaptés à son tempérament. Il faut se souvenir qu'il est susceptible d'utiliser ses armes les plus efficaces, à savoir ses dents, ses sabots et sa force, contre tous ceux qu'il perçoit comme des intrus, humains ou autres, en un clin d'œil ! Il y a des accidents, la plupart du temps du fait d'influences extérieures, mais on finit souvent par devoir s'en débarrasser pour éviter qu'un incident ne se répète.

Inévitablement, l'environnement et l'éducation d'un étalon jouent un grand rôle dans son tempérament à l'âge adulte ; de même, par association, la mentalité de son propriétaire et de son soigneur a aussi une influence. La confiance et le respect doivent se mériter et s'accorder des deux côtés. Dès son jeune âge, l'étalon doit accepter un mors et un bridon, et connaître les ordres « arrêter » et « marche », qui seront plus tard indispensables dans la procédure de saillie.

La relation entre l'étalon et son propriétaire ne peut jamais totalement remplacer la présence d'un congénère. Dans ses jeunes années, un hongre d'âge mûr peut être à la fois un compagnon et un partenaire de jeu sans danger avec son propriétaire mais l'étalon mûr est un adversaire imprévisible et puissant même dans le jeu et, pour la majorité, il arrivera inévitablement un jour où la relation deviendra telle qu'il faudra procéder à des ajustements. Il est préférable de loger les étalons à côté d'autres ânes, à portée de vue. Ils peuvent ainsi bénéficier d'une compagnie, mais avec des doubles clôtures à tous les paddocks pour maintenir les distances. L'interaction verbale et visuelle entre paddocks apporte une stimulation et une raison de prendre de l'exercice, car les étalons passent la plupart de leurs heures de veille à faire les cent pas pour surveiller les autres ânes.

La saillie

La plupart des ânesses font clairement savoir qu'elles sont en chaleur, mais la durée des chaleurs varie ; il est donc souhaitable d'étudier de près le cycle de l'ânesse, de noter la durée de chaque période de chaleurs et le laps de temps entre la fin d'une période et le début de la suivante. À partir de ce schéma, il sera possible d'établir les dates les plus appropriées pour emmener l'ânesse à la monte.

Une ânesse doit toujours être aussi saine que possible pour que l'on décide de la faire saillir. L'obésité est probablement la première cause d'échec de la gestation, c'est pourquoi un régime alimentaire raisonnable, une vermifugation régulière et des soins fréquents de dentisterie sont essentiels. Les sabots doivent être parés de frais, car il ne serait pas réaliste d'attendre du propriétaire de l'élevage qu'il effectue des soins de routine qui auraient dû être réalisés à la maison.

Les méthodes d'insémination de l'ânesse peuvent varier d'un élevage à l'autre. La saillie ne doit jamais avoir lieu en isolement, car tant l'ânesse que l'étalon ont besoin d'un soigneur compétent. Il vaut donc mieux conserver une très grande étable à cette fin ; l'étalon apprendra vite que c'est l'endroit où on l'emmène pour la monte.

À l'arrivée à l'élevage, l'ânesse en visite doit d'abord être intégrée au groupe de femelles le plus calme dès que possible. Celles-ci feront alors office d'alerte précoce d'un œstrus (chaleurs) imminent. Le troisième jour de son cycle, l'ânesse doit être amenée à l'étable de monte, où elle sera lavée pour éviter tout risque d'infection. Une sorte de collier rembourré est placé autour de l'encolure de l'étalon pour le tenir, et l'ânesse est tenue au moyen d'une corde passée dans un anneau bien fixé au mur de l'étable. Le soigneur doit constamment rester à sa tête, lui parlant et lui caressant l'encolure pour la rassurer.

L'étalon doit être amené à l'étable en bride et mors, mené en longe de travail, qui donne plus de liberté de manœuvre qu'une simple longe. L'étalon doit être présenté prudemment à l'ânesse, et autorisé à la renifler et la toucher du bout du museau. Il la montera et en redescendra plusieurs fois avant d'être réellement prêt à la saillir. Certains étalons sont prêts en quelques minutes, tandis que d'autres sont amenés à l'ânesse en journée et ne rentrent chez eux que longtemps après la tombée de la nuit ! Dans ce genre de circonstances, les ânesses expérimentées peuvent faire montre d'une certaine frustration, voire finir par refuser un étalon qui prend trop de temps à leur goût, tandis que les moins expérimentées risquent de trouver toute la procédure trop intimidante et devenir agressives et difficiles. Il est essentiel de toujours rester sur le qui-vive. La sécurité de l'ânesse de quelqu'un d'autre est entre les mains du propriétaire de l'étalon, tandis que ce dernier doit être protégé contre l'assaut imprévu d'un postérieur frustré ou anxieux. Après la saillie, l'étalon doit être lavé et calmement emmené, et la femelle ramenée en main jusqu'à ses compagnons, pour la laisser se calmer. Ce n'est pas toujours aussi facile que ça en a l'air, car les autres femelles seront conscientes de la saillie et y seront réactives, et peuvent tenter de la monter elles aussi, un comportement courant. La monte doit être répétée le cinquième jour.

Reste ensuite à décider si la femelle est apte à refaire le voyage en sens inverse. Le consensus juge peu sage de déplacer une ânesse quand les prochaines chaleurs auraient dû tomber ; il faut éviter un transport stressant jusqu'à une semaine au moins après le moment où auraient dû avoir lieu les chaleurs suivantes. Ce délai a un autre objectif : en l'absence de chaleurs, on peut supposer l'ânesse potentiellement gestante ; la présence de chaleurs permettra une autre saillie pendant que l'ânesse est encore sur place.

Naissance de l'ânon

En supposant que l'on soit maintenant certain que l'ânesse a pris et qu'elle est gestante, la naissance peut avoir lieu entre 11 et 14 mois ½ à compter de la dernière date de saillie. Ce n'est pas le moment de partir en vacances ! Certes, une ânesse n'a pas besoin qu'on lui tienne la main, mais il faut apprendre à détecter les changements d'aspects des mamelles et de la vulve qui indiquent une mise bas imminente.

Pendant la plus grande partie de la gestation, l'ânesse sera heureuse de rester avec ses compagnons habituels, mais dans les dernières semaines, elle cherchera de plus en plus un espace solitaire et se tiendra à l'écart des autres. À ce moment, il faut se poser sérieusement la question du meilleur endroit pour la naissance. Une grande étable aérée est préférable, qui doit avoir été préalablement désinfectée et abondamment paillée, bien en bateau. Tous les objets saillants, tels que les crochets porte-seau, doivent être retirés, car ils risquent de provoquer un désastre en cas de mise bas sans surveillance. Du foin doit être mis à disposition en petites quantités par terre, et de l'eau dans des seaux peu profonds.

Mamelles gonflées

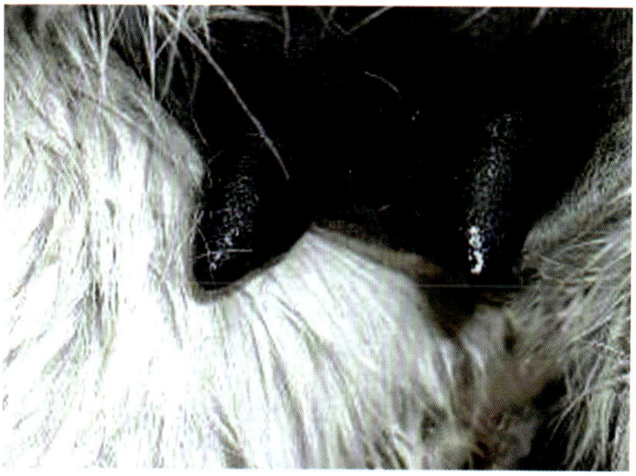

Mamelle gonflée

Les mamelles gonflent et s'affaissent pendant quatre semaines parfois, avant de finalement augmenter de taille jusqu'à ce que les tétons et les mamelles soient gonflés au point de ne plus être différenciables les uns des autres. Les mamelles peuvent cirer (quelques gouttes de lait jaunâtre suintent). Les dernières quarante-huit heures, les muscles pelviens se relâchent et les fesses perdent en tonus musculaire. L'ânesse peut se rouler fréquemment, et arrête de s'alimenter dans les dernières heures. Si elle est surveillée avec attention, on peut la voir consciemment et précautionneusement arquer le dos, comme pour soulager la tension. Une fois que la mise bas commence, c'est un processus assez rapide, qui prend environ quarante minutes depuis les premiers signes de protrusion du sac de liquide amniotique de la vulve jusqu'au moment où l'ânon est libéré de sa mère.

Le petit se présente normalement dans une position de plongeur, la tête entre les deux antérieurs. En cas de doute quant à la normalité de la présentation, un vétérinaire doit être appelé pour assister la naissance. Mais, de toute façon, les propriétaires novices doivent toujours appeler un vétérinaire pour la mise bas, au cas où ils passeraient à côté d'un problème. La plupart des naissances se font sans surveillance et sans problème, mais ce n'est pas le moment d'avoir des doutes.

Une intervention n'est pas sage, à moins de bien connaître l'ânesse. Mieux vaut se tenir en retrait et surveiller, et en se contentant de vérifier, une fois l'ânon né, que ses naseaux sont dégagés de toute membrane qui pourrait gêner la respiration.

Un mouvement de l'ânesse ou du petit rompra le cordon ombilical. Le dernier stade de la mise bas est l'expulsion du placenta (la délivrance). Elle se fait habituellement en une heure, mais elle peut prendre jusqu'à six heures. Il faut vérifier que le placenta a bien été entièrement expulsé car un placenta retenu ou partiellement retenu est potentiellement fatal et nécessite les soins d'un vétérinaire.

Après un temps de repos étonnamment court, l'ânon tente de se lever. Après de nombreuses tentatives avortées, il parvient à coordonner ses quatre membres. Il lui est tout aussi dur de se recoucher, ce qu'il finit habituellement par faire en se laissant tomber. La quête de nourriture vient ensuite. La nature a programmé l'ânon pour chercher la mamelle dans l'ombre, semblant ignorer le fait qu'il y a de l'ombre entre les antérieurs aussi bien qu'entre les postérieurs. Les ânesses expérimentées essaient d'aider leur petit en l'encerclant et en le poussant du bout du museau dans la bonne direction, tandis que les ânesses primipares, perturbées et agitées par la naissance, n'offrent pas toujours le même degré d'assistance, allant même parfois jusqu'à rejeter leur nouveau-né. Dans ce cas, des soins et le conseil d'un vétérinaire s'imposent (voir la section sur les ânons rejetés ou orphelins, page 93). Il est essentiel que l'ânon reçoive le premier lait (ou colostrum) de la

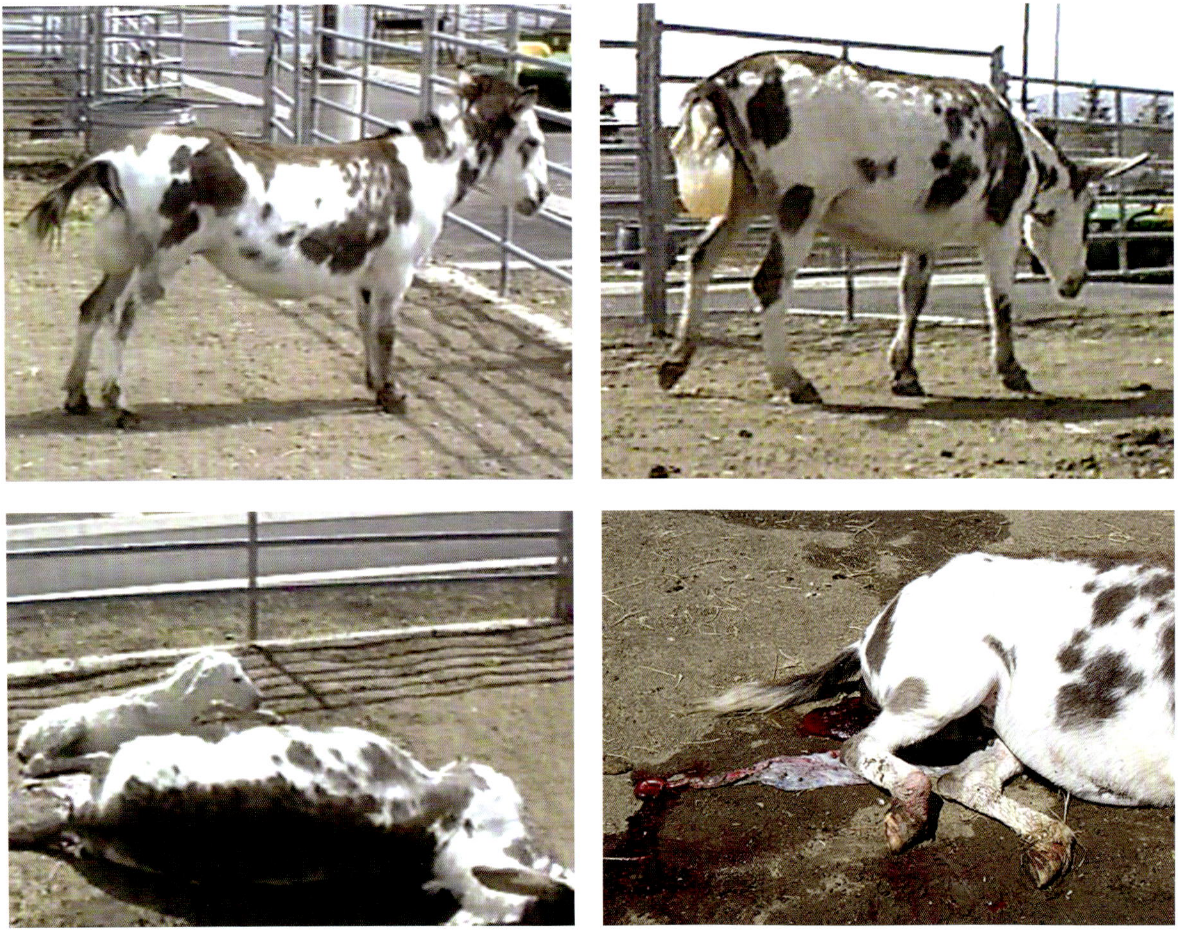

Étapes de la mise bas

Photographies avec l'aimable autorisation du Dr Ahmed Tibary, du Dr Mohammed Bakkoury et du Dr Abdelmalek Sghiri

mère, celui-ci contenant de précieux anticorps qui le protégeront contre les maladies pendant les prochains mois, bien que le vétérinaire puisse, pour plus de sécurité, pratiquer une injection antitétanos dès le lendemain. Il est recommandé de faire examiner la mère et le petit par un vétérinaire après la mise bas.

Sous vingt-quatre heures, l'ânon est capable de se déplacer rapidement et avec assurance. Lui et sa mère ne peuvent que profiter d'un peu de soleil et d'un peu d'exercice dans un paddock clos et sécurisé.

L'étable doit être tenue propre et exempte de litière souillée. La ventilation doit être bonne mais sans courant d'air, et l'eau doit être mise à disposition dans un seau accroché à un crochet porte-seau pour éviter les accidents. À ce stade, l'ânon se développe rapidement, et les leçons simples enseignées à ce moment sont les plus précieuses. Un licol pour poulain peut être posé dès la première semaine et utilisé pour sortir l'ânon du pré avec sa mère. Même à ce stade, un ordre simple de « marcher » au moment approprié portera ses fruits plus tard. On peut d'ores et déjà caresser doucement le bas des membres et lui prendre les pieds, autant d'aides simples aux futurs soins de maréchalerie.

Attention : l'ânon ne doit pas prendre l'eau ou prendre froid. Comme un petit enfant, il est plus démuni face à la maladie. Prenez un avis vétérinaire s'il semble apathique ou pas dans son assiette. De brèves périodes d'exercice dans un paddock

Une ânesse expérimentée orientant son petit

Mère et petit prenant l'air avec plaisir

ensoleillé, en alternance avec des moments de repos dans une stabulation bien paillée et ventilée, lui font prendre un bon départ dans la vie, et l'introduction quotidienne à la discipline de la vie, par des soins et un contact humain ferme, lui enseigne rapidement que la vie est faite de défis mais aussi de bons moments. Le pansage est une leçon sociale précieuse ; à cet âge, un ânon est prêt à explorer sans crainte les expériences inconnues, une caractéristique exploitable, car rien n'est plus difficile qu'un âne adulte refusant de franchir une ligne jaune ou une zone de goudron plus sombre.

Dans les premières semaines, l'ânon n'a besoin de rien d'autre que de lait, mais il vous surprendra vite en arrachant un peu de foin, et en imitant sa mère en broutant quelques brins d'herbe, ou même en grappillant dans sa mangeoire. Les six mois suivants sont une période idyllique pour la mère, le petit et le propriétaire. À moins que l'ânon ne soit précoce, mère et petit doivent rester ensemble jusqu'à ce que le sevrage se fasse naturellement (entre sept mois et un an), ce qui est moins traumatisant pour tout le monde. Toutefois, s'il faut sevrer plus tôt, il convient de le faire avec sensibilité, en allongeant chaque jour le temps de séparation sur une période de deux semaines, et finalement le maintenir pendant huit semaines avant de pouvoir les réunir à nouveau sans que cela ne ravive le lien maternel. Le sevrage aide à restaurer l'énergie de la mère, particulièrement si elle est à nouveau gestante ou légèrement abattue. L'ânon doit être manipulé dès sa naissance afin qu'il s'habitue à la compagnie de l'homme et qu'il coopère lors des soins de base tels que les soins de maréchalerie.

Soins du jeune ânon

Le jeune doit être protégé du tétanos et de la grippe équine. Deux méthodes sont possibles. Si possible, l'ânesse peut être vaccinée contre ces maladies le dernier mois de la gestation ; elle transfère alors l'immunité à son petit, par le truchement du lait. L'ânon doit ensuite commencer un cycle primaire de vaccination de cinq à six mois. On ne sait pas exactement combien de temps l'immunité procurée par le lait de la mère dure, de sorte que si l'ânon se blesse, il doit recevoir des antitoxines.

Si l'ânesse n'est pas vaccinée, elle et l'ânon doivent recevoir alors des antitétaniques dans les vingt-quatre heures suivant la naissance, et un cycle de vaccination complet doit être démarré entre cinq et six mois d'âge pour l'ânon.

De jeunes ânes s'amusant ensemble

De même, une vermifugation de l'ânesse le dernier mois de gestation la rendra moins susceptible de transmettre des vers à son petit. Ce dernier doit être vermifugé entre huit et douze semaines. Toutefois, il est important de suivre à la lettre les conseils du vétérinaire, certains vermifuges étant dangereux pour les jeunes.
Depuis le 1er juillet 2009, il est obligatoire de doter tous les ânons d'une puce implantée par un vétérinaire comme moyen d'identification permanent. Ces informations sont inscrites dans le passeport du jeune (une autre obligation légale).
On a coutume de faire castrer les jeunes mâles, afin de prévenir des comportements excessivement virils indésirables comme l'agressivité, et pour éviter des petits « Kinder Surprise », comme on dit familièrement, c'est-à-dire des gestations imprévues. La plupart des propriétaires renâclent à faire faire cette opération, mais il peut être très perturbant pour un étalon adulte de ne pas pouvoir saillir quand ses hormones le lui commandent, et il risque de se blesser en essayant d'accéder aux femelles si on l'en empêche. De surcroît, les risques chirurgicaux sont plus élevés chez les ânes plus âgés. Mieux vaut consulter votre vétérinaire quant à l'âge auquel il préfère réaliser l'intervention, mais dans la plupart des cas, on considère normal d'y procéder vers cinq ou six mois.

Soins des ânons orphelins ou rejetés

Un ânon peut être orphelin, rejeté du fait d'un comportement antagoniste ou victime de sous-nutrition à cause d'un lait insuffisant. Il faut donc trouver d'autres moyens d'entretien jusqu'à ce qu'il ait au moins cinq mois d'âge. Il convient toujours de suivre les conseils du vétérinaire ou d'une personne possédant une expérience adéquate.

Adoption

Trouver une nourrice est une solution qui présente de nombreux avantages, mais elles sont rarement disponibles. L'idéal est de trouver une ânesse qui vient de perdre son petit. Le succès dépend de plusieurs variables jouant sur la relation mère à petit, notamment :

- Les ânesses qui ont un ânon mort-né ou qui n'ont pas été tétées sont plus enclines à accepter le petit.
- Plus la période entre la mort du petit et l'introduction de l'orphelin est longue, moins il y a de chances de succès. Après deux ou trois jours sans tétée, le lait de l'ânesse risque par ailleurs de se tarir.
- Si la différence de taille entre la femelle et l'ânon est grande, les chances qu'elle l'accepte sont moindres.
- Si l'ânon n'a jamais tété, il en perd graduellement l'instinct.
- L'instinct maternel d'une ânesse varie d'un individu à l'autre. Certaines montrent d'abord une extrême hostilité mais, une fois l'ânon accepté, elles font parfois les meilleures mères.

Surmonter un rejet

Il y a plusieurs façons d'éviter ou de surmonter le rejet d'un ânon adoptif :

- Mettre l'ânesse dans une stabulation autre que celle qu'elle risque d'associer à son ânon mort.
- Frotter l'ânon orphelin avec le sac amniotique, le méconium ou la peau de l'ânon mort avant de le présenter à l'ânesse.
- Bloquer le sens olfactif de l'ânesse avec une odeur forte, par exemple du Vicks Vaporub. L'ânon doit aussi en être enduit, particulièrement sur l'arrière-main, la tête et l'encolure. Renouveler l'opération à intervalles fréquents.
- Présenter l'ânon à l'ânesse quand il a faim, c'est-à-dire toutes les trois heures. Présenter l'ânesse à l'ânon quand elle a les mamelles pleines.

On peut utiliser des moyens de contention comme des tranquillisants chimiques ou des entraves. La nécessité d'utiliser ces moyens de contention devrait diminuer à chaque réunion qui suit.

L'ânesse et le petit doivent être surveillés la première fois qu'on les laisse ensemble. Pour certains, mieux vaut les séparer par une cloison, ce qui permet à chacun de sentir et voir l'autre, tout en protégeant le petit.
Si la première rencontre se solde par un échec, il faut recommencer après un bref laps de temps ; d'autres tentatives réussiront peut-être. Si l'ânesse continue de montrer une réponse antagoniste après dix à douze heures, les chances de réussite sont médiocres.

Alimentation de l'ânon

Colostrum

Le colostrum doit être administré dans les douze premières heures de vie ; le premier repas doit avoir lieu dans les deux à quatre heures après la naissance. La quantité recommandée est de 250 ml toutes les heures pendant les six premières heures, soit au total 1,5 litre.
En cas de rejet de l'ânon, il est préférable d'obtenir le colostrum de la mère, ou de le prélever sur une autre ânesse dans les deux jours suivant la mise bas. Une ânesse en bonne santé devrait en avoir assez pour permettre de prélever 250 ml après la tétée de son propre petit. Il faut se laver les mains et laver les mamelles de l'ânesse avant de la traire et stériliser tous les ustensiles.
Le colostrum d'une vache n'est pas idéal, mais, s'il est donné en grandes quantités, c'est mieux que rien.
Le colostrum doit être recueilli et congelé à –15 à –20 °C, en lots de 250 ml. Quand on en a besoin, on le décongèle lentement dans l'eau chaude jusqu'à ce qu'il atteigne une température de 38 °C.
Si l'ânon ne peut pas recevoir de colostrum, il faut alors administrer du plasma en intraveineuse ou par tube stomacal pendant les douze premières heures de vie.

NB : Le plasma doit être administré uniquement par un vétérinaire ou par une personne dotée d'une expérience adéquate.

Supplémentation

Si une ânesse ne produit pas assez de lait pour son ânon, son régime peut être supplémenté pendant qu'elle est allaitante. Les méthodes suivantes peuvent accroître la production de lait :

- Une injection d'ocytocine, 0,5 à 1,0 ml pour stimuler le flux de lait.
- Donner de la luzerne, ou laisser l'ânesse sur un pré d'herbe verte et luxuriante.

Nourrir à la main

Parfois, il n'y a pas d'autre alternative que de nourrir à la main. Les points suivants doivent être pris en compte :

- **Personnel.** Nourrir un ânon à la main n'est ni facile ni bon marché, et les personnes impliquées doivent être prêtes à lui consacrer du temps et de l'argent. Un personnel expérimenté et consciencieux est essentiel.
- **Compagnons.** Un ânon peut développer de mauvaises habitudes comportementales s'il est nourri à la main sans contact avec d'autres animaux. Les moutons et les chèvres sont de bonne compagnie, mais l'ânon doit aussi voir d'autres équidés. Il est possible de lui adjoindre un poney ou un âne calme, qui lui servira de modèle.
- **Exercice.** L'ânon doit bénéficier d'un exercice régulier, particulièrement quand il commence à grandir et à gagner en force. Le lait ne contenant que très peu de vitamine D, il doit régulièrement sortir au soleil. En effet, les ânes exposés à la lumière du soleil au moins trois heures par jour produisent leur propre vitamine D, essentielle au bon développement osseux.
- **Environnement.** L'ânon doit loger dans un endroit chaud et sec, abrité du vent. Une stabulation propre, avec une litière non souillée, est idéale. La stabulation doit être restée inoccupée pendant deux ou trois semaines avant d'abriter l'ânon, et il ne doit pas y avoir d'incidence de maladie entérique associée à l'endroit.
- **Hygiène.** Le box et tous les équipements utilisés doivent être nettoyés, désinfectés et/ou stérilisés. Tout le personnel pénétrant dans le box doit prendre les précautions d'hygiène nécessaires, particulièrement pendant les soixante-douze premières heures.

Il est possible, si on le souhaite, d'administrer des antibiotiques à large spectre à l'ânon les premiers jours de vie ; néanmoins, c'est une question de préférence et ce n'est généralement pas préconisé en médecine vétérinaire.

Biberon

C'est une méthode qui prend du temps, mais elle est préférable au seau ou à l'intubation. Elle peut être utilisée pendant une période transitoire, tant que l'ânon n'a

Tétée au biberon

pas appris à boire dans un seau. Les tétines pour agneau sont les plus proches, en forme et en souplesse, des mamelles d'une ânesse. Si l'ânon rejette la tétine, on peut insérer un index dans sa bouche et, s'il ne tète pas, toucher le palais de l'index, puis remplacer prudemment le doigt par la tétine quand la succion commence. La patience s'impose. Le biberon doit être tenu en position verticale.

Nourrir au seau

Cette méthode exige moins de temps une fois l'ânon entraîné, mais elle est beaucoup plus difficile à introduire que le biberon. Mieux vaut commencer quand l'ânon a déjà deux semaines au moins. Le lait doit être mis à disposition à volonté dans un seau large et peu profond placé à hauteur de la tête. Il doit être rempli deux fois par jour, et le seau soigneusement nettoyé à chaque fois.
Pour l'y habituer, on place les doigts dans la bouche de l'ânon et, quand il commence à téter, on abaisse lentement la main dans le seau de lait. Il est parfois nécessaire d'appuyer sur la tête de l'ânon pour lui montrer le seau. Il faut parfois une journée entière au petit pour apprendre à boire au seau, et certains ne l'acceptent jamais, mais se nourriront de bon gré au biberon.

Intubation naso-gastrique

Il convient de consulter un vétérinaire.

Protocole pour nourrir à la main

Le lait doit être chauffé à 38 °C pour les premiers repas, en réduisant progressivement à température ambiante sur la première semaine. Les changements doivent toujours être introduits graduellement, sur vingt-quatre à quarante-huit heures. Un ânon de 10 kilos a besoin de 30 kcal/kg (125 kJ/kg) par jour.

Le volume de lait recommandé pour un ânon en bonne santé est de 100 ml/kg de poids corporel par jour soit, pour un ânon de 10 kg, un litre de lait par jour – 10 % de son poids corporel.
Un ânon tète naturellement sa mère sept fois par jour. Dans l'idéal, il doit être nourri toutes les deux à trois heures ; il est même préférable de l'alimenter à intervalles de une à deux heures la première semaine. Si l'ânon est malade, il peut ne pas tolérer plus de 50 à 100 ml toutes les heures, de sorte qu'il faut le nourrir plus intensivement. Au fur et à mesure de l'amélioration de son état, on peut progressivement passer à 200 ml par heure.

Jours 1 et 2 : 100 à 120 ml toutes les deux heures (10 à 15 % du poids corporel) – dix à douze repas par jour.

Jour 3 à 7 : On augmente chaque repas à 150 à 200 ml (25 % du poids corporel). Le nombre de repas doit être passé à huit par jour environ, en nourrissant toutes les deux à trois heures. On peut proposer des granulés de lait à partir d'une semaine. Quand l'ânon mange assez, ceux-ci doivent être remplacés par une alimentation à base de céréales.

Semaines 2 et 3 : 300 à 350 ml à chaque repas, en réduisant à six repas par jour, toutes les quatre heures. L'ânon doit pouvoir accéder à de l'eau fraîche et à une pierre à sel, en envisageant de l'habituer au seau. Il doit recevoir des céréales de bonne qualité et une quantité limitée de foin de bonne qualité pour commencer le sevrage. Une alimentation à la dérobée composée de 18 % de protéines est recommandée.

Semaine 4 : 500 ml cinq fois par jour. Le lait ne doit pas être complètement supprimé tant que l'ânon ne mange pas des aliments secs en quantité suffisante. La transition doit être graduelle, pour permettre aux enzymes digestifs de s'adapter.

Semaines 8 à 12 : On peut avancer dans le sevrage sur ce laps de temps, en donnant un litre d'aliments quatre fois par jour à huit semaines, puis trois fois par jour à douze semaines. L'ânon peut encore consommer un à deux litres de lait par jour. Un ânon nourri à la main doit être pleinement sevré à cinq mois.

Types de lait

Lait d'ânesse

C'est bien évidemment la meilleure option pour l'ânon, mais ce n'est pas toujours possible. Traire une ânesse demande beaucoup de temps.

Lait de vache ou de chèvre

Beaucoup plus facile à obtenir, il n'est cependant pas de composition similaire. Il contient globalement plus de solides, de gras et de protéines, mais il est considérablement moins riche en sucres. On évite ainsi de devoir mélanger des poudres, mais il peut être onéreux, particulièrement le lait de chèvre.

On peut rendre le lait de vache plus proche du lait d'ânesse en y ajoutant une cuillère à café de miel par pinte de lait à 2 % de matière grasse. On évitera le lait de vache Jersey, à forte teneur en graisses. Le lait de chèvre semble très appétent. Il est considéré comme un bon lait de substitution, les particules de graisse étant plus petites que dans le lait de vache, ce qui le rend plus digeste. Le lait de vache peut contenir des bactéries en quantité étonnamment élevée, il est donc souhaitable de le pasteuriser en le chauffant à 70 °C pendant quinze secondes avant de le laisser refroidir. On peut y ajouter du dextrose avant de le donner à l'ânon.

Formule suggérée
300 ml de lait de vache
150 ml d'eau de chaux (50 g de chaux de jardin mise à tremper dans dix litres d'eau – laisser reposer toute la nuit, puis séparer l'eau de chaux du sédiment).
20 g de dextrose/lactose/mélasse/miel/sucre roux

Substituts de lait

La formule idéale contient 15 % de matière grasse, 22 % de protéine brute et moins de 0,5 % de fibre.
Les substituts de lait pour veau ne sont pas recommandés, car ils sont pauvres en protéines de bonne qualité et contiennent souvent des antibiotiques. Il en existe toutefois sans antibiotiques (Denkavit).
Les formules humaines sont à éviter, car le tractus gastro-intestinal de l'ânon les tolère mal. Toutefois, dans les pays en développement, on les utilise parfois sans problème signalé.
Les mauvais substituts de lait peuvent retarder la croissance. Il faut aussi noter que le respect des instructions du fabricant peut causer déshydratation et constipation. Mieux vaut utiliser une solution à 12,5 %, en donnant 10 % du poids corporel de l'ânon et en augmentant lentement jusqu'à 20 % du poids corporel au jour dix.
Il existe de nombreuses marques de lait de remplacement pour les ânons ; un vétérinaire est le mieux placé pour conseiller sur ce point.

Diarrhées

Prévention

- Il faut privilégier un substitut de bonne qualité à 22 % de protéine brute.
- Les repas doivent être distribués fréquemment et en petite quantité.
- Les mains du soigneur et les ustensiles doivent être propres.
- Le lait doit toujours être frais, les bactéries proliférant rapidement sinon.
- Le lait acheté en magasin peut contenir des bactéries en assez grande quantité.
- Les changements brusques de régime alimentaire peuvent perturber les enzymes digestifs. Les changements doivent toujours être introduits progressivement.

Traitement des diarrhées

Le lait de remplacement doit être retiré et remplacé par une solution de 50 grammes de glucose dans 500 ml d'eau chaude bouillie pendant un ou deux jours. Le retour au lait doit être progressif, en alternant avec la solution. Le nombre de repas journaliers doit être augmenté, mais en maintenant la même consommation journalière totale. On peut envisager de supplémenter avec du gel anti-diarrhée pendant les changements de régime alimentaire.

L'intolérance au substitut de lait provoque des coliques, des diarrhées et/ou des ballonnements. Mais tous ces symptômes peuvent aussi indiquer un ulcère gastroduodénal, et il faut donc administrer systématiquement du sucralfate (suspension). On peut aussi essayer de diminuer les volumes ou d'augmenter la fréquence, ou de changer de fournisseur pour le lait.

Autres considérations

Mais nourrir des ânons à la main, ce n'est pas « que » nourrir. Une mère fournit une chaleur et un confort latent, que l'on peut imiter avec une lampe chauffante qui apportera au petit un supplément de chaleur ainsi qu'une lumière réconfortante.

Évidemment, il faut faire très attention à les placer avec soin et à les équiper de fixations de sécurité pour empêcher les accidents.

Les interactions sociales sont essentielles, et il faut offrir à l'ânon la compagnie d'autres ânes pour éviter qu'il ne se transforme en « enfant gâté ». Une stabulation divisée de telle sorte que l'ânon puisse bénéficier de sécurité et de tranquillité quand il s'alimente ou se repose, combinée à la présence permanente d'un âne adulte calme qui lui servira de modèle dans une stabulation adjacente, est un atout des plus précieux. Cette compagnie peut aussi représenter une source d'amusement et d'enseignement au paddock, et la seule présence d'un autre âne encourage l'ânon à prendre de l'exercice, même si ce n'est que pour jouer à l'agacer !

Remerciements sincères à Rosemary Clarke pour sa contribution à ce chapitre.

CHAPITRE 7

MULETS ET BARDOTS

Les mulets et les bardots sont les hybrides produits par le croisement entre ânes et chevaux.
Le mulet est un croisement entre un âne et une jument ou une ponette. Le mulet est le mâle, la mule la femelle. Il n'y a pas de nom spécifique pour le jeune mulet.
Le bardot (ou bardeau) est un croisement entre une ânesse et un étalon, cheval ou poney. La femelle est dénommée bardote ou bardine.
Les ânes ont soixante-deux chromosomes et les chevaux soixante-quatre. Suite à leur croisement, le mulet ou le bardot possède soixante-trois chromosomes, nombre impair qui rend la reproduction des hybrides extrêmement rare. En fait, depuis les premières archives en 1527, il n'y a eu que soixante-trois cas signalés de mules ayant mis bas. Le ratio de femelles et de mâles est de 56/44 chez les mulets, alors qu'il est de 52 mâles pour 48 femelles chez les chevaux.
Mulets et bardots diffèrent en aspect physique, en stature et en tempérament, comme expliqué dans le tableau ci-contre.

Mulets

Les mulets toisent entre 90 et 172 cm, suivant la taille de leurs géniteurs. En Europe, les spécimens de grande taille sont moins répandus qu'aux États-Unis où ils servent d'animaux de trait et de monte depuis la colonisation de l'Amérique. Extrêmement populaires dans l'armée britannique, ils ont servi pendant les deux guerres mondiales, mais aussi lors des campagnes en Inde et en Asie.

Bardots

Une ânesse étant plus petite que la plupart des chevaux, les bardots sont généralement plus petits que les mulets, mais aussi moins courants. Il est extrêmement

Mulet	Bardot
Le corps d'un cheval, avec les extrémités d'un âne	Généralement le corps d'un âne et les extrémités d'un cheval
Plus étroit, épaules moins profondes	Corps plus rond, épaules plus profondes
Longues oreilles	Oreilles plus courtes
Crinière courte, fine et verticale comme celle d'un âne	Crinière et queue plus longues et plus épaisses, rappelant plus celles d'un cheval
Queue avec des poils courts sur le couard et des crins longs comme un cheval, mais plus épaisse que celle d'un âne	
Membres semblables à ceux d'un âne, droits avec de petits sabots durs, denses, aux parois verticales	Membres plus forts, avec des sabots plus ronds et moins verticaux
Les robes varient mais le bai foncé est très courant, avec une nuance plus claire sur le museau et autour des yeux	Les bardots diffèrent bien plus les uns des autres que les mulets. Les robes sont plus variées, et la forme du corps va de très similaire à celle d'un cheval à presque identique à celle d'un âne
Habituellement, mais pas toujours, une bande cruciale est visible, et parfois des zébrures sur les épaules et les membres	
Le mulet appelle plus que le bardot. S'il essaie de braire, cela commence généralement comme le hennissement d'un cheval et se termine par le braiement caractéristique de l'âne	Souvent plus silencieux
Sonne plus comme un âne que comme un cheval, émettant un bruit à l'expiration et à l'inspiration	
Vigueur typique des hybrides. Peut être plus grand que ses deux parents	Manque de la vigueur caractéristique des hybrides. Généralement plus petit que les mulets, moins fort, avec moins d'endurance et de robustesse
À poids égal, plus fort qu'un cheval	
Vit et travaille beaucoup plus longtemps, bien que plus tardif	Tend à être plus semblable à un âne dans son tempérament, en partie du fait que le bardot est élevé par une ânesse
Le mulet présente un comportement qui mélange celui du cheval et de l'âne ; il est à la fois nerveux et méfiant, stoïque et calme	Généralement plus calme, moins docile, moins curieux, moins aventureux et moins indépendant que le mulet

Un mulet

difficile de faire la différence entre un mulet et un bardot, et on prend donc souvent les bardots pour des mulets.

Les mulets et les bardots sont normaux sur le plan anatomique. Les mâles sont extrêmement difficiles à manipuler et doivent être castrés, afin d'adoucir leur tempérament et de les rendre plus gérables.

Les mulets et les bardots déclinent diverses robes, en fonction des gènes de leurs parents, qui peuvent aller des robes unies aux pies, en passant par les marques appaloosas.

Le meilleur des deux mondes

Les mulets ont hérité de beaucoup des traits les plus appréciables de leurs parents. Ils résistent à des climats extrêmes, peut-être parce que les ânes sont originaires d'Afrique et d'Asie. Confrontés à une situation dangereuse, les mulets choisissent la fuite ou le combat suivant les circonstances propres, alors qu'un cheval optera immanquablement pour la fuite. Ce trait de caractère rend les mulets bien éduqués très calmes et très sûrs ; c'est pourquoi ils sont si populaires auprès des forces armées pour transporter des explosifs et des munitions. Ils sont moins susceptibles que les chevaux de paniquer dans des situations dangereuses et peuvent porter beaucoup plus de poids que les ânes. Toutefois, les mulets et les bardots ont en commun avec le cheval dont ils sont le produit d'avoir plus tendance à la fuite que les ânes.

Un bardot

Soins du mulet

Pour la plupart des aspects de leurs soins, les mulets peuvent être traités comme les autres équidés. Toutefois, il y a quelques considérations en sus à connaître. Les mulets sont intelligents et sensibles, et ne s'accommodent donc pas de rester enfermés dans une stabulation sur de longues périodes. Ils ont besoin de la compagnie d'autres mulets ou équidés et doivent passer autant de temps que possible au paddock, où ils peuvent rester actifs et aussi stimulés mentalement que possible. À l'instar des ânes et des chevaux, les mulets ont besoin d'eau et de nourriture fraîche. Il semble que les mulets consomment légèrement moins de nourriture qu'un cheval de taille égale, bien que les besoins alimentaires dépendent de l'individu. Les mulets peuvent être nourris au préfané, au foin et à la paille comme les ânes.

Du fait de leur vigueur hybride – ce qu'on appelle l'effet d'hétérosis – les mulets ont souvent une santé moins fragile que leurs parents. Toutefois, ils peuvent être touchés par les mêmes maladies et restent sujets à la fourbure.

Les mulets, à l'instar des ânes et des chevaux, doivent être parés tous les six à dix semaines. Les mulets et les bardots ont besoin d'un maréchal compréhensif, car le parage peut les rendre nerveux s'ils ne sont pas parfaitement dressés.

Que peut faire un mulet ?

Les mulets sont des animaux très capables, mais le dressage doit commencer très tôt pour qu'ils soient parfaitement sûrs dans leur rôle d'animal domestique. « Têtu comme une mule » est une expression sans aucun fondement ! Le mulet est un animal très intelligent, et tout à fait apte au dressage. De par leur instinct de préservation, les mulets ne se mettent pas en danger, et n'acceptent pas un travail excessif. Si quelqu'un catalogue les mulets comme têtus, c'est probablement qu'un d'entre eux vient de se montrer plus futé que lui ! Les mulets apprennent très vite et assimilent aussi vite un bon qu'un mauvais dressage, de sorte que lors du dressage, le dresseur doit être très clair dans ses demandes. Il lui faut pour ce travail déployer des trésors de calme, de patience et de compréhension. Leur excellente mémoire leur vaut de ne pas oublier un dressage effrayant ou douloureux, et il leur faut très longtemps pour pardonner de mauvais traitements.
Selon leur taille et leur conformation, les mulets peuvent faire tout ce que peut faire un cheval ou un âne, et dans certains cas mieux qu'eux. On peut les monter et on les trouve dans des disciplines telles que dressage, saut d'obstacles, endurance ou équitation western. Le mulet est particulièrement bien adapté à l'attelage, et au travail dans les fermes et les petites propriétés où il peut servir d'animal de bât ou de trait.
Les mulets ont d'excellentes aptitudes au saut ! Non depuis le galop comme en CSO, mais de l'arrêt à l'intérieur d'une zone marquée, au-dessus d'une seule barre. On a déjà vu des mulets de 1 m 25 au garrot sauter 178 cm. En Grande-Bretagne, la relative petite taille des mulets en fait des montures adaptées pour les enfants, à condition qu'ils aient reçu un dressage suffisant.

L'intelligence du mulet

Récemment, un projet de recherche sur des mulets, des poneys et des ânes résidents au Donkey Sanctuary a montré l'intelligence des mulets. L'étude portait sur six ânes, six poneys et six mulets ; il s'agissait de voir à quelle vitesse ils apprendraient à choisir le bon symbole sur un seau, avec à la clé un petit morceau de carotte. Les mulets ont excellé dans ces tests et se sont révélés plus vifs et plus précis que les ânes ou les poneys soumis aux mêmes tests.
Malheureusement, les mulets apprennent tout aussi vite d'une mauvaise expérience que d'une bonne, et, s'ils ne sont pas traités avec sensibilité et cohérence, ils s'ennuient et deviennent difficiles à manipuler.
On sait depuis longtemps que les mulets possèdent un trait connu sous le nom de vigueur hybride, ou effet d'hétérosis – c'est-à-dire que les meilleurs gènes des deux parents se combinent pour produire des hybrides aux qualités supérieures. Les mulets peuvent ainsi présenter le pied sûr, l'endurance et le stoïcisme d'un âne associés à la vigueur, la force et la taille d'un cheval. L'étude a été la première à montrer que la vigueur hybride pouvait également améliorer leurs facultés de raisonnement et d'apprentissage. Le mulet est véritablement un fantastique exemple de l'effet d'hétérosis, et avec une manipulation et un dressage intelligent, il peut faire un excellent animal de travail comme de loisirs.

CHAPITRE 8

GESTION DES PÂTURES ET DES ÉCURIES

Gestion des pâtures

Les ânes sont des brouteurs sélectifs, et apprécient d'avoir le choix entre plusieurs variétés d'herbes et de plantes fibreuses. L'herbe, le foin et la paille d'orge composent l'essentiel des rations alimentaires journalières d'un âne sain et en forme, et une gestion précautionneuse des pâtures est donc essentielle. Cette section traite de l'herbe, du pâturage et de la gestion des pâtures, y compris du contrôle des mauvaises herbes et des parasites, de la pousse de l'herbe et de son utilisation efficace.

Croissance de l'herbe

L'herbe est une plante pérenne, cela signifie qu'elle impose de partager son temps entre deux tâches principales :

- Nourrir les herbages
- Utiliser les herbages

Le pacage de moutons est bénéfique pour les herbages, car le pâturage se fait ainsi de façon égale et le sol est nettoyé des parasites. La rotation des pâtures peut être réalisée en déplaçant les animaux d'un pré à un autre, pour permettre aux diverses espèces d'herbes de récupérer et au sol d'être relabouré.
Le réensemencement ne doit avoir lieu qu'au printemps ou à l'automne. Au Donkey Sanctuary, nous préférons pour réensemencer sur le long terme un mélange britannique pour chevaux recommandé par l'Institut national de botanique agricole, qui peut servir tant pour garnir les paddocks que pour

réensemencer les prés plus vastes. On recommande 14 kg de graines pour 4 000 m², avec :

Ray-grass anglais Lasso	4,5 kg
Ray-grass anglais Romark	4,5 kg
Fléole des prés Promesse	1,0 kg
Fétuque des prés	2,0 kg
Fétuque rouge	2,0 kg

Classification des herbages

Non cultivés (les moins productifs)
Herbages de colline et de montagne
Landes
Herbages cultivés (très productifs)
Prairies artificielles (herbages temporaires associés à la rotation d'autres cultures)
Herbages permanents (herbages à long terme, uniquement remplacés pour le long terme)
Pelouse (les herbages peuvent inclure des légumes et diverses espèces d'herbes)

Croissance végétative

L'herbe est en permanence en phase de croissance végétative. L'apex de la tige est proche du sol, et sous la hauteur de pacage et de coupe. Les cellules d'une feuille poussent près du sommet de la tige avant de se diviser et de s'allonger. La partie la plus jeune de la tige est donc à la base, et la plus vieille au sommet. Chaque pousse latérale présente le même apex de tige et de plus en plus de pousses latérales se développent au fur et à mesure de la croissance de la plante. Ces pousses latérales finiront par prendre leur autonomie, construisant leur propre système de racines et entraînant une reproduction végétative.

Inflorescence

L'apparition de nouvelles pousses latérales est retardée quand l'apex des tiges existantes commence à développer une inflorescence, ou, pour parler simplement, quand la plante commence à fleurir. Les bourgeons à l'apex de la tige s'allongent pour porter les épis au sommet de la plante. L'herbe fleurit et, de là, produit des graines.
Quand le plant d'herbe présente des épis, la croissance végétative ralentit et s'arrête le temps que les épis restent sur la plante.

Gestion au fil de l'année

Printemps

Le passage de la herse étrille élimine toutes les matières mortes et la mousse des herbages, et favorise une nouvelle pousse tout en aérant le sol. Il ne doit être entrepris que par temps sec.

Herse étrille

Il est très important de passer le rouleau dans les paddocks, pour réparer les dégâts causés par la pluie et enfoncer dans le sol les cailloux, s'il y en a. Si le foin doit être coupé dans le pré plus tard, le rouleau évite les dommages imprévus à des machines agricoles onéreuses.

Été

Il est nécessaire d'éviter les périodes de sous et de surpâturage :

- En réservant une zone à la coupe au moment où l'herbe pousse le plus.
- En sortant les ânes du pré quand les herbages ne poussent pas.
- En laissant le paddock se reposer et l'herbe se régénérer.
- En laissant des zones couvertes toute l'année pour éviter de détremper l'herbe.

Pâturage rationné

Le pâturage rationné contrôle avec efficacité la quantité d'herbe que mangent les ânes. Une zone d'herbages leur est affectée, délimitée par une clôture électrique déplacée en fonction des besoins. Cette technique peut aussi préserver les herbages d'une infestation par les fèces, bien que cela dépende de la densité d'occupation et de la quantité d'herbages allouée. Le déplacement de la clôture chaque jour dépend du poids et de la note d'état corporel de l'âne, de la quantité d'herbage disponible, de son état, la longueur de la clôture et du nombre d'ânes.

Automne

L'analyse des sols est une procédure importante, qui doit être réalisée tous les trois ans avant d'appliquer des fertilisants dans les pâturages. En effet, les recommandations quant à l'usage des fertilisants reposent normalement sur l'analyse des sols ; les échantillons doivent être prélevés dans la couche supérieure du sol, à la même profondeur à différents endroits du pré.

On peut procéder en marchant le long d'un « W » imaginaire, et en effectuant un prélèvement tous les dix pas. Il est conseillé d'utiliser une cuillère, vissée dans le sol à une profondeur d'environ 10 cm. Les prélèvements sont ensuite confiés à un agronome local, qui conseille sur les éventuelles déficiences en nutriments, le pH et le niveau de phosphore, de potassium et de magnésium nécessaire à la pâture.
De bonnes pratiques de gestion des pâturages constituent un très efficace moyen de lutte contre les vers, et il est important de ramasser les crottins tous les jours. Évidemment, au fil du temps ils vont s'accumuler en quantité, et représentent un excellent nutriment pour les pâturages, mais il faut les laisser sécher au moins douze mois, afin de tuer les œufs et larves de parasite. Le fumier doit être épandu sur la terre en automne pour donner des herbages pour les ânes l'année suivante et pour une bonne production de foin.

Mauvaises herbes

Une mauvaise gestion des pâtures et le surpâturage peuvent déboucher sur une prédominance de plantes toxiques telles que séneçon et fougère aigle. Les plantes toxiques sont aussi volontiers mangées après l'application de désherbants ou si elles sont arrachées ou coupées et laissées à même le sol. L'élimination négligente de déchets du jardin, par exemple des branchages de haies contenant de l'if ou du troène, est parfois la cause d'empoisonnements. En réalité d'ailleurs, la majorité des cas impliquent des déchets issus de tailles de haies ou de tonte de pelouse. Si ces déchets sont jetés dans le pré des ânes, ils éveillent leur curiosité et finissent à coup sûr dans leur estomac. L'ennui contribue aussi grandement à la dégustation d'arbres de haie et de feuillages au goût déplaisant. Il est donc important de se montrer vigilant et de contrôler les plantes toxiques dans le pré et autour.
L'identification correcte des mauvaises herbes est un premier pas vers une éradication efficace ; les plantes doivent être identifiées en s'appuyant sur un herbier si nécessaire.
Une plante « annuelle » mène un cycle de vie complet sur un an, de la germination à la mort après la floraison et la production de graines. Les mauvaises herbes engendrent de nouveaux plants l'année suivante. Une plante « pérenne » vit deux ans ou plus, et fleurit normalement dans cette période. Une fois installée, elle est souvent difficile à déloger.
La croissance persistante des mauvaises herbes est toujours un problème, mais d'autant plus, bien sûr, si elles mettent en danger la santé des équidés. Les empoisonnements ne sont pas tous fatals et un empoisonnement aigu est rare chez les ânes ; parfois, ils peuvent provoquer des troubles digestifs sérieux, des convulsions, ou un âne simplement un peu « pâlichon », pour ainsi dire. Le foin acheté doit toujours être de bonne qualité, et l'absence de plantes toxiques vérifiée.
Comme toujours, mieux vaut prévenir que guérir !

- Avec des gants, arracher les plantes notoirement toxiques, telles que le séneçon, et les brûler.
- Retirer les glands des paddocks ou empêcher l'accès aux glands tombés au moyen de clôtures électriques.

- Vérifier qu'il n'y a pas de plantes toxiques à la périphérie du paddock et les retirer.
- S'assurer que les voisins ne jettent pas les déchets de leur jardin dans le paddock.
- Vérifier la sécurité des clôtures.
- Casser les balles de foin et retirer les plantes non identifiées.

Disette

Quand les ânes se trouvent à court de nourriture, par exemple en cas de sécheresse ou de lourdes chutes de neige, ils sont plus enclins à manger tous les feuillages qui se présentent, comme les précieux rhododendrons du jardin ou l'if tout juste à portée de dents... Ils sont aussi plus susceptibles de s'échapper pour accéder aux jardins et aux bois où ils trouveront toutes sortes de plantes qui ne sont normalement pas à leur disposition.
En cas de soupçon d'ingestion de plantes ou d'arbres toxiques, ou de symptômes inhabituels, l'avis d'un vétérinaire s'impose immédiatement. Voici une liste de plantes toxiques. Attention, elle n'est pas exhaustive.

Séneçon

- Le séneçon est une mauvaise herbe à fleurs jaunes, toxique vive ou morte pour les équidés et pour le bétail.
- Elle peut provoquer de graves dommages hépatiques au fil du temps. Elle agit comme un poison cumulatif, les premiers symptômes pouvant ne se manifester qu'après plusieurs années.
- Elle doit être arrachée (avec des gants) au stade du début de la floraison. Les plants arrachés doivent être entièrement retirés de la zone de pâturage et si possible brûlés.
- L'absence de cette mauvaise herbe dans les pâturages et dans le foin doit être vérifiée avec la plus grande vigilance.
- S'il y en a, les animaux doivent être immédiatement retirés de la pâture ou la production de foin interrompue.
- Le stade rosette survient en avril-mai, la floraison en août.

Séneçon

Prêle (queue de cheval)

- Toutes les variétés sont toxiques mais la prêle des champs et la prêle des marais sont les plus susceptibles de causer un empoisonnement.
- C'est une plante pérenne dotée de tiges souterraines rampantes d'où poussent au printemps des tiges vertes, articulées et verticales.
- L'empoisonnement est plus fréquent quand la prêle est présente dans le foin ou dans la litière.

Prêle (queue de cheval)

Fougère aigle

Rhododendron

Fougère aigle

- La fougère aigle est une fougère commune cosmopolite ; attention à ce qu'elle ne prédomine pas dans les pâturages.
- La plante tout entière contient plusieurs substances toxiques, dont certaines survivent à la coupe et au séchage. La racine de la fougère aigle est cependant cinq fois plus toxique que les feuilles.

Rhododendron

- Le rhododendron est un arbuste sempervirent aux feuilles allongées, dures et tannées, vert sombre sur le dessus et plus pâles en dessous.
- Les gros boutons en forme de cône se développent en grappes couronnées de fleurs en forme de clochettes. Les rhododendrons sont souvent mangés quand les animaux s'échappent et mangent les haies ou les déchets du jardin, ou quand la nourriture est rare.
- L'ingestion peut être fatale en quelques heures.

Troène

- Le troène sauvage est un arbuste à branches que l'on trouve sur les sols crayeux, tandis que son homologue de jardin est une plante de haie populaire.
- La variété sauvage présente des feuilles étroites, pointues et lisses d'un vert vif et brillant quand la plante est jeune, plus sombre et plus terne quand elle vieillit.
- Les feuilles du troène de jardin sont plus courtes, dépassant rarement trois centimètres de long, de forme plus ovale, avec de petites fleurs blanches à la base tubulaire et à l'odeur douceâtre.
- Des baies noires apparaissent en automne.

Ciguë

- Courante dans les régions tempérées, on trouve généralement la ciguë dans des lieux humides et souvent dans les haies.
- Elle peut frôler les deux mètres de haut.

Troène

Ciguë

- Elle possède de fines fleurs ressemblant à du chou-fleur, en abondance sur chaque tige.
- Il y a plus de risque d'empoisonnement au printemps quand les jeunes feuilles sont ingérées en même temps que d'autres herbages, ou dans les pâturages pauvres.

Lierre

Lierre

- Cette plante grimpante sempervirente se trouve partout en Europe. Très résistante, elle s'attache aux arbres, aux clôtures ou aux murs, et rampe même par terre.
- Les feuilles sont d'un vert sombre, souvent de forme triangulaire.
- L'ingestion de feuilles et de baies en grande quantité peut avoir des conséquences sérieuses.

If

If

- Certains considèrent l'if comme la plante la plus toxique et son poison, plus toxique en hiver, est rapidement assimilé depuis le tractus digestif et interfère avec le fonctionnement cardiaque.
- Dans de nombreux cas, les animaux meurent quelques heures à peine après l'ingestion.

Chêne et glands

Chêne

- Les chênes sont des arbres à feuilles caduques qui peuvent grimper jusqu'à trente mètres de haut, avec une écorce rugueuse et fissurée et des branches qui s'étalent largement.
- Les feuilles présentent des bords à l'indentation arrondie, et les glands tombent à maturité. Si les animaux mangent une grande quantité de feuilles ou de glands de chênes, l'empoisonnement est probable.
- Il y a plus de risques d'empoisonnement quand la pâture est rare.

Autres plantes ou arbustes à éviter

Laurier

Ce peut être un poison pour les ruminants, mais il est beaucoup moins toxique pour les équidés, du fait des enzymes présents dans l'estomac. Il est rarement consommé.

Belladone

Bien que toxique, elle est rarement consommée, et on n'a jamais signalé à ce jour de cas d'empoisonnement d'équidé.

Arbres fruitiers

Bien qu'ils ne soient pas du tout vénéneux, les arbres fruitiers peuvent présenter des risques car, à l'automne, quand ils sont pleins de fruits, ces derniers peuvent causer des troubles digestifs aux ânes.

Il est recommandé de clôturer les arbres pour éviter que les ânes ne se goinfrent de fruits.

Informations complémentaires

Les ouvrages suivants sont recommandés pour plus d'informations.

- *Plantes toxiques. Végétaux dangereux pour l'homme et les animaux*, Jean Bruneton, éditions Lavoisier.
- *Petit Atlas des plantes toxiques. Identifier 80 espèces communes*, Denis Richard, Delachaux et Niestle.

Patience sauvage et oseille crépue (du genre des rumex)

Patience sauvage

Dans les herbages, ces plantes peuvent avoir un impact catastrophique sur la performance de la pâture. La raison de leur succès tient en partie à ce qu'elles germent et poussent dans presque toutes les conditions, et peuvent se multiplier par production de semences ou à partir de racines souterraines. Sans perturbation, la patience sauvage peut produire 60 000 graines viables en une seule saison, et l'oseille crépue 40 000.

Ces plantes sont extrêmement difficiles à contrôler avec une quelconque fiabilité ou régularité. Si possible, l'arrachage à la main réduit la nécessité d'éradication par des moyens chimiques mais, à cause du potentiel de nouvelle pousse depuis les racines, le contrôle à long terme n'est possible qu'au moyen d'herbicides systémiques ou transloqués. Avant d'utiliser des produits chimiques, il convient de demander conseil à un agronome local.

Clôture

Outre une bonne pâture, une clôture sécurisée et robuste est nécessaire.

Il existe de nombreuses alternatives en la matière, ou des combinaisons de clôture utilisables avec les ânes. Deux ânes ont besoin d'un pré d'environ 4 000 m², avec un 2 000 m² en plus pour chaque âne supplémentaire.

Si possible, le pré doit être divisé en deux ou trois paddocks, qui permettent un plus grand contrôle du pacage et facilitent la gestion des pâtures. Les clôtures doivent être organisées de façon à ce que les ânes aient librement accès à leur stabulation ou à leur abri et à de l'eau fraîche en permanence.

Haies

Les ânes apprécient les fibres que procurent les ronces et l'aubépine dans les haies. Ce sont de vrais prestidigitateurs, qui peuvent se frayer une sortie à coups de dents et disparaître avant que vous n'ayez le temps de vous en apercevoir ;

il est donc recommandé d'adjoindre une clôture complémentaire. Les haies fournissent un abri naturel et coupent le vent, mais il ne faut pas oublier qu'elles peuvent abriter des plantes toxiques.

Lices en bois

Bien que chère, une clôture en lices de bois à quatre traverses est idéale. Cependant, les lices de bois standard ne comportent habituellement que trois traverses. La quatrième doit être positionnée à 45 cm du sol, certains ânes pouvant se glisser entre la troisième traverse et le sol ! Les lices en bois doivent être traitées à intervalles réguliers avec un conservateur sans danger pour les animaux.
En effet, les ânes peuvent ronger les lices en bois parce qu'ils en aiment les fibres ou simplement parce qu'ils s'ennuient. Si des rondins couverts d'écorce non toxique leur sont fournis pour qu'ils y fassent leur dents, et si l'accès à de la paille alimentaire est assuré, ils seront moins enclins à s'attaquer aux clôtures.

Grillage

Les poteaux en bois tendus de grillage sont une option moins onéreuse. Il est important de s'assurer que le grillage est correctement tendu et régulièrement entretenu car, si on le laisse se détendre en bas et s'écarter de la clôture, les ânes pourraient y passer un sabot et se retrouver coincés. Une seule traverse en bois ou deux fils de fer bien tendus doivent être positionnés au-dessus du grillage pour empêcher les ânes de se pencher par-dessus pour atteindre l'herbe ou les haies de l'autre côté, ce qui est dangereux. Il convient d'utiliser du fil de fer positionné à 5 cm au-dessus du grillage pour le premier et à 7,5 cm au-dessus pour le second.

Fil barbelé

Le fil barbelé est à éviter autant que possible. S'il y en a déjà dans la pâture, il doit être bien tendu et régulièrement inspecté. Si le grillage se trouve contre une haie de clôture, le fil du haut doit être un fil barbelé bien tendu. Comme séparateur entre des paddocks, il est dangereux car les ânes pourraient se jeter dedans. Pour éviter le risque de lésions sur les membres, il ne doit jamais y avoir de fil barbelé à moins de 90 cm du sol.

Clôture électrique

La clôture électrique est une méthode polyvalente et efficace de gestion des pâtures. Elle peut servir à créer des paddocks à l'intérieur d'un système de pâturage existant, ou encore un pâturage rationné, ce dernier impliquant de faire courir la clôture électrique au travers du paddock et de la déplacer chaque jour selon une distance fixe pour contrôler la quantité d'herbe que mangent les ânes. L'installation d'une clôture électrique nécessite d'espacer les poteaux de cinq ou six pas, de tirer du ruban électrique ou du fil de fer entre ceux-ci et de le relier à un électrificateur de clôture. Au Donkey Sanctuary, on préfère le ruban, plus visible que le fil de fer. Le ruban ne doit toucher que les poteaux, les bobines ou les connecteurs ; sinon le courant sera réduit. Même des herbes longues atteignant le ruban peuvent diminuer la quantité de courant traversant la clôture. Il est important de mesurer la longueur du ruban électrique nécessaire pour pouvoir acheter le bon électrificateur, car, si elle est inexacte, la clôture sera inefficace. La clôture doit être gardée propre et bien entretenue, vérifiée tous les matins et soirs avec un vérificateur électronique, ce qui minimise le risque que les ânes ne s'échappent et ne se goinfrent d'herbe fraîche, déclenchant ainsi des problèmes sérieux comme fourbure et colique. Le mode d'emploi qui accompagne l'électrificateur doit être suivi au pied de la lettre.

Portails

Pendant les mois d'hiver, les zones autour des portails ou des points d'accès deviennent mouillées et boueuses. La solution la plus évidente consiste à tenir les ânes à l'écart du terrain, en les enfermant dans leur stabulation avec une aire stabilisée à disposition. Ils peuvent ensuite être remis au pré quand les conditions le permettent. Ce n'est pas toujours possible, mais le proverbe a toujours raison : mieux vaut prévenir que guérir. Au Donkey Sanctuary, nous posons des déchets de bois de feuillus (écorces) au niveau des portails pendant les mois d'hiver pour éviter le problème.

Points à considérer

Les abreuvoirs et les mangeoires doivent toujours être tenus à l'écart des portails et des arbres.
Si un autre accès est utilisable, il est recommandé d'alterner pour éviter que l'aire ne devienne trop boueuse et humide.
Les portails doivent être conçus pour permettre d'entrer et de sortir facilement du pré. Ils doivent tous être équipés de bonnes charnières et doivent être bien fixés, pour éviter une escapade.

Stabulation

L'étable ou l'abri des ânes doit leur fournir un endroit où échapper à la chaleur et aux mouches en été, et au mauvais temps en hiver. L'étable doit avoir un sol drainant et recouvert d'une litière afin que les ânes puissent dormir dans le confort.
À certains moments, les ânes doivent être enfermés dans leur stabulation, par exemple quand ils sont malades, quand on attend la visite du vétérinaire ou pendant que l'on déplace une clôture électrique, de sorte qu'il doit toujours y avoir une porte à verrou ou à glissière pour contenir les ânes.

Le parfait petit abri

Plusieurs points doivent être pris en compte dans la conception d'une stabulation pour des ânes :

- Un abri adéquat doit être accessible en permanence. Un abri sert en effet non seulement à offrir une protection en hiver, mais aussi de l'ombre en été.

- Il existe toute une palette de stabulations et d'abris disponibles sur le marché. On peut en acheter un qui convient tel quel, ou qui pourrait être remanié à son goût.
- Il faut compter approximativement 4,5 m² d'espace couvert par âne (approximativement 9 m² pour une paire).
- Un sol dur, non dérapant et drainé est essentiel ; il peut s'agir de béton ou de dalles d'écurie.
- Il doit y avoir une cour drainée en béton.
- Les matériaux de construction permettant la condensation sont à éviter – particulièrement pour le toit.
- Il faut assurer une ventilation adéquate avec une bonne circulation de l'air, mais en évitant une sécheresse excessive au niveau de l'âne. Les vents dominants doivent être pris en compte pour concevoir la stabulation, la façade arrière leur faisant face.
- Les portes de la stabulation doivent permettre aux ânes de voir par-dessus sans difficulté – les portes des box pour chevaux sont normalement trop hautes.
- Les fenêtres vitrées doivent être protégées avec des grilles en métal.
- Fournissez de l'eau potable propre et en bonne quantité à hauteur appropriée pour vos ânes.
- Un râtelier placé au niveau du sol et de façon à ne pas le salir est préférable à un filet à foin, qui peut être dangereux pour les ânes.
- L'alimentation électrique doit être protégée et convenablement installée. L'éclairage est essentiel en hiver et l'électricité est utile pour brancher une lampe chauffante ou une tondeuse. Tout le câblage doit être protégé par des gaines à l'épreuve des rats et tous les interrupteurs doivent être positionnés hors de la stabulation, et hors de portée des ânes. Les ampoules doivent être recouvertes de protections en plastique et de grilles en métal, et hors de portée de dents. Les toiles d'araignée et la poussière doivent être régulièrement retirées.
- Les anneaux d'attache doivent être fixés à la bonne hauteur pour un âne, à hauteur des yeux.
- Une zone couverte bien éclairée avec une surface stabilisée est d'une aide précieuse pour le maréchal.
- Les stabulations ou les abris doivent être construits sur un terrain bien drainé en évitant les zones qui attirent les mouches. S'ils sont mobiles, déplacez-les quand le terrain devient boueux. Si ce n'est pas pratique, une bonne couche bien épaisse de copeaux d'écorce répandus tout autour constitue une mesure préventive efficace.
- Les selleries, les entrepôts à nourriture et les tas de fumier doivent être commodément installés dans l'optique d'une utilisation quotidienne. La stabulation ne doit pas être trop proche des tas de fumier ou sous le vent par rapport à celui-ci, car ils peuvent attirer des mouches irritantes pour les ânes.

Litière

Une litière sur le sol de la stabulation garde cette dernière propre et fraîche, et procure aux ânes un endroit chaud et sec pour s'allonger. Parmi les facteurs qui influencent le choix de la litière figurent les installations de stockage, le coût et l'évacuation du fumier.

Paille

Il faut de toute façon acheter de la paille d'orge pour nourrir un âne : autant l'utiliser aussi comme litière.
La paille est la litière la moins chère. Il en existe trois types : paille d'avoine, d'orge et de blé. La paille d'avoine possède une meilleure qualité nutritive et elle est plus appétente. Les ânes tendent donc à en manger plus et à prendre du poids en conséquence. La paille de blé présente la valeur nutritive la plus faible, elle a des épis piquants et elle n'est pas confortable. Elle n'est pas très drainante, et peut être poussiéreuse, provoquant des toux chez l'âne. La paille d'orge a une valeur nutritive moins élevée que la paille d'avoine, mais supérieure à celle de la paille de blé. Elle est confortable et raisonnablement drainante. Si la paille d'orge n'est pas disponible, la paille d'avoine ou de blé est acceptable. Pour les ânes en surcharge pondérale, mieux vaut cependant opter pour la paille de blé, après avoir consulté votre vétérinaire.

Copeaux de bois

Il doit s'agir de copeaux de bois tendre blanc, sans poussière. Le bois rouge ou dur peut être toxique et provoquer des troubles respiratoires. Les copeaux font une litière douce et confortable pour un âne malade ou boiteux qui a des difficultés à se déplacer dans de la paille profonde. Quand un âne en surcharge pondérale est au régime sur les conseils d'un vétérinaire, l'utilisation de copeaux permet un meilleur contrôle de la quantité de paille qu'il ingurgite. Les copeaux sont plus chers que la paille et il leur faut plus longtemps pour pourrir. Ils absorbent l'urine, créant des zones humides qu'il faut retirer chaque jour.

Carton déchiqueté

Le carton déchiqueté est une alternative confortable et dénuée de poussière aux copeaux pour un âne malade ou boiteux. Ici aussi, pour un âne en surpoids au régime, une litière en carton permet un meilleur contrôle de la quantité de paille ingérée. Le carton est biodégradable mais il lui faut longtemps pour pourrir et il peut être assez mal commode, surtout lorsqu'il y a du vent. Le prix est à peu près identique à celui des copeaux.

Sol en caoutchouc

Un sol en caoutchouc offre une aire sûre et confortable pour s'allonger, mais c'est une option qui peut être chère. Certains types possèdent des zones alvéolées en dessous, pour permettre le drainage. Une fine couche de copeaux, de paille ou de carton doit être ajoutée pour absorber l'humidité. Un nettoyage régulier est requis et la déclivité du sol doit être suffisante pour permettre un bon drainage sous les tapis.

Curage

Les litières de paille, de copeaux, de carton ou de papier peuvent être curées quotidiennement ou entretenues sur la base d'un système à litière profonde. Une fourche, un balai, une pelle, une brouette, du désinfectant et une pelle à crottins sont nécessaires pour entretenir et nettoyer l'abri.

Litière profonde

On enlève le crottin de la litière et, une fois par jour, une couche de litière fraîche est éparpillée sur la base pour conserver la surface au sec. La base se tasse et l'urine est drainée jusqu'au sol. Les litières profondes doivent être curées toutes les quatre à six semaines. Elles posent certains problèmes, notamment l'odeur et l'accumulation de bactéries, et elles ne sont pas faciles à gérer pour un propriétaire novice.

Curage journalier

C'est la méthode privilégiée. Tout le crottin et la litière humide sont enlevés chaque jour. La litière propre et sèche est poussée sur le côté, et le crottin et les zones souillées d'urine ôtés. Le sol est balayé, et désinfecté si nécessaire, la litière laissée sur le côté le temps que le sol sèche. Par temps sec, elle peut être laissée sur le côté toute la journée et éparpillée à nouveau sur le sol plus tard dans l'après-midi. Lorsqu'on remet la litière, on répartit bien toute la litière entassée sur le sol, avant d'ajouter de la paille fraîche et la paille de la veille restant dans la mangeoire. À l'ouverture d'un ballot de paille fraîche, attention à retirer la ficelle, qui pourrait provoquer des blessures.

La litière doit être répartie « en bateau », en en accumulant un peu plus le long des murs de la stabulation, jusqu'à 40 cm de hauteur environ. Ce coussin empêchera l'âne de s'allonger trop près du mur et de ne plus pouvoir se relever s'il roule du mauvais côté. Une litière en bateau empêche également les courants d'air. Ensuite, on crée avec la paille restante un lit de même niveau, de 20 cm de hauteur environ, qui fournit un matelas adéquat à l'âne quand il se couche.

En offrant toujours une litière propre aux ânes, on peut dire si l'un d'entre eux s'est roulé plus que de coutume, puisque la litière est remuée, ce qui peut être le symptôme d'un problème de santé. En curant, il est recommandé de prendre mentalement note du nombre de crottins et de leur consistance, un changement dans leur aspect pouvant aussi indiquer un problème.

Si les ânes doivent rester en stabulation pendant un certain temps, c'est une bonne idée, si l'espace le permet, de laisser un espace sans litière car cela peut aider à garder leurs pieds sains.

Râteliers au sol

À l'état sauvage, les ânes paissent tête en bas. Il n'est pas naturel pour eux de manger dans un filet ou un râtelier en hauteur. S'ils doivent lever la tête pour atteindre leur nourriture dans un filet ou un râtelier, des particules de foin ou de paille peuvent tomber dans leurs yeux ou leurs oreilles, ou encore exacerber d'éventuels problèmes respiratoires. Pour éviter cela, mieux vaut mettre à leur disposition un râtelier au niveau du sol, sans arêtes coupantes. L'âne étant un brouteur sélectif, il doit avoir dans le râtelier suffisamment de paille pour pouvoir fureter dedans ; il n'y aura pas de gâchis, puisque le reste peut servir pour la litière le lendemain. Si possible, le râtelier de la mangeoire doit être positionné de sorte que les pieds des ânes ne se trouvent pas sur la litière quand ils mangent. En hiver, on peut ajouter un peu de foin à la paille si les ânes ne restent pas en bonne forme avec un simple régime à base d'herbe et de paille.

Eau

Les ânes doivent toujours avoir accès à de l'eau propre – ils sont particulièrement délicats quant à ce qu'ils boivent. Un seau bien fixé ou un abreuvoir automatique doit être constamment disponible et nettoyé chaque jour. L'utilisation de seaux permet la surveillance adéquate de la consommation d'eau.

Les ânes apprécient de ronger l'écorce sur des rondins non toxiques

Bloc minéral

Un bloc minéral pour équidés doit être suspendu à l'intérieur de la stabulation ou de l'abri afin que les ânes puissent compléter leur régime alimentaire à leur gré. Les blocs mélassés ne sont pas recommandés, des mélasses en trop grande quantité pouvant provoquer l'apparition d'une fourbure.

Jouets

On peut occuper les ânes en mettant à leur disposition des rondins non toxiques de bois de hêtre, noisetier, frêne, sycomore ou arbres fruitiers pour qu'ils puissent se faire les dents dessus, car ils adorent en arracher l'écorce, et détournent ainsi leur attention des clôtures. Des jouets tels que des seaux en caoutchouc recyclés peuvent être proposés à heures fixes pendant la journée.

Fumier

L'évacuation du fumier doit être prise en compte lors du choix de l'emplacement du tas. Il est essentiel de pouvoir y accéder facilement pour le curage et la récupération. Il doit être positionné sur une aire bien drainée et à l'écart des stabulations. Les ânes ne doivent pas y avoir accès.

Des herbages bien gérés fournissent du fourrage pour vos ânes tout au long de l'année. Il est impératif de prendre grand soin des paddocks et des zones de stabulation, en les conservant exempts de mauvaises herbes et de parasites, pour des ânes heureux et en bonne santé.

CHAPITRE 9

CONCOURS DE MODÈLES, MONTE, LONGUES RÊNES ET ATTELAGE

Le dressage d'un âne est très gratifiant, et ce sont des animaux qui s'épanouissent sous l'attention. Ils apprennent par la répétition graduelle, progressive. Quand on prépare un âne pour la présentation en main, la monte, les longues rênes ou l'attelage, il faut considérer son âge (idéalement entre quatre et vingt ans), sa stature, sa conformation, son tempérament, son assurance dans la circulation et sa condition physique.
On commence par l'habituer à être régulièrement manipulé, pansé et conduit en main autour de la propriété. On l'habitue à embarquer et à faire de courts trajets en camion ou en van longtemps avant votre premier concours, moment où animal et propriétaire sont tous deux sous pression !

Concours de modèles

La bride

Une bride pour poney standard ne va pas à la grande majorité des ânes ; il faut en effet une têtière plus longue (taille cheval), de même que la sous-gorge et le frontal. On utilisera un mors droit en caoutchouc ou en synthétique. Un mors simple pend au milieu de la bouche et encourage l'âne à passer la langue par-dessus le mors, une évasion qui devient rapidement une habitude pour fuir la main. On préférera un mors à olive à un mors à aiguille, celui-ci ayant tendance à pincer les commissures des lèvres.

Mors droit à olives

Mettre le bridon

On commence par lever le bridon au niveau de la tête de l'âne, pour vérifier que les montants sont assez longs. En cas de doute, les montants doivent être réglés un

brin trop longs, puis ajustés une fois le bridon mis. En se tenant à gauche de l'âne, on passe les rênes par-dessus la tête de l'âne en les faisant reposer sur son encolure. On tient la têtière du bridon dans la main droite et le mors dans la paume de la main gauche, en gardant le pouce libre. On place la main droite sur l'encolure de l'âne pour le tenir et on remonte le bridon en même temps. On glisse le pouce gauche dans la bouche de l'âne et, quand il l'ouvre, on met le mors en place.
En gardant le mors dans la bouche en tenant la têtière en hauteur de la main droite, on insère maintenant les oreilles de l'âne entre le frontal et la têtière en les pliant vers l'avant. Attention à ne pas les plier vers l'arrière, c'est inconfortable pour l'animal. Une fois les oreilles passées, on glisse la têtière pour la mettre en place derrière les oreilles, en vérifiant que le frontal est suffisamment large pour reposer confortablement à la base des oreilles.
Une personne d'expérience doit vérifier l'ajustement du bridon, votre âne risquant de mal se comporter s'il le gêne. La sous-gorge doit être suffisamment lâche pour qu'il y ait la largeur d'une main entre elle et la mâchoire. La muserolle doit permettre de passer deux doigts quand elle est ajustée. Le mors doit faire un pli à la commissure de la bouche et doit être suffisamment large pour ne pas pincer les côtés de celle-ci.
Un bridon spécialement fait pour la présentation en main arbore une bouclerie en laiton et éventuellement un frontal clouté, avec des rosettes pour tenir ce dernier droit sur la têtière (à strictement parler, le frontal clouté est réservé à la présentation des étalons). Une chaînette peut relier les anneaux du mors en passant sous le menton de l'âne, ou une longe en cuir peut être attachée directement aux anneaux du mors.

Dressage en main

L'apprentissage peut commencer avec un licol et une longe, en progressant jusqu'au bridon si on a l'intention de présenter l'âne en concours, de le dresser pour la monte ou s'il est difficile à gérer en licol simple. Le port de gants est indispensable.
On peut utiliser une chaînette, ou attacher le mousqueton de la longe à l'anneau droit du mors puis faites passer la longe au travers de l'anneau gauche, afin que la longe agisse sur la barbe et qu'il n'y ait pas de traction exercée dans la bouche *via* le mors. Avec une chaînette, il peut essayer de prendre celle-ci dans la bouche ; dans ce cas, il faut la raccourcir. On commencera par le faire marcher en main le long d'une allée calme, en introduisant progressivement des « dangers » tels que chiens, poubelles, flaques et voitures.
Il doit apprendre à marcher sur un ordre vocal : en tirant gentiment sur la longe puis en relâchant la pression quand il avance, on donne un ordre vocal clair en même temps. Il en va de même pour l'arrêt : on demande l'arrêt de la voix en appliquant simultanément une pression sur la longe si nécessaire et en relâchant la pression dès qu'il s'est arrêté. L'arrêt doit être carré, c'est-à-dire avec un poids égal sur les quatre pieds. Il apprendra à marcher quand son propriétaire marche, à s'arrêter quand il s'arrête, et l'ordre vocal pourra être prononcé de moins en moins fort. Lors du dressage, attention à être cohérent. Il est préférable d'éviter les friandises comme récompenses, et de plutôt féliciter en caressant ou en grattant l'encolure ; les friandises peuvent en effet faire de l'animal un « mordeur ».

Progressivement, après le pas, on demande à l'âne de « trotter », et on l'encourage à trotter de bon gré à ses côtés sans avoir à le tirer ou sans que lui ne tracte, le tout en restant du côté gauche, au niveau de son épaule si possible. On ralentit progressivement, sans passer directement du trot à un arrêt complet ; à l'aide de la voix, on lui demandera de passer « au pas » puis de s'« arrêter ».

Lors des manœuvres, il ne faut pas oublier de garder l'âne à bonne distance dans le tournant, pour ne pas se faire marcher dessus. Un bon comportement doit être félicité d'abondance. Si l'on prévoit de le présenter en main, il doit apprendre à marcher et à trotter de bon gré, à s'arrêter au carré et à rester immobile sous l'examen du juge. Il est souhaitable de se rendre à un concours en tant que spectateur ou groom d'un ami, pour découvrir à quoi ressemble un concours de modèle. Un ami expérimenté peut aussi jouer les juges pour que l'âne s'habitue à se laisser manipuler les membres par un étranger. On peut envisager de l'emmener à un concours sans l'inscrire en épreuve pour l'accoutumer au voyage et à l'ambiance des concours sans l'excitation supplémentaire de la compétition.

Le secrétaire du concours, sur demande par lettre, tient à disposition le programme pour permettre au propriétaire de choisir préalablement les épreuves lui convenant. L'inscription doit être envoyée en temps et en heure, accompagnée du règlement des droits d'inscription. Le propriétaire doit vérifier auparavant qu'il est habilité à concourir et qu'il possède le passeport de l'âne, avec des vaccins à jour.

Pour préparer le concours, l'âne doit être douché, sa crinière taillée à deux centimètres environ, et ce sur toute la longueur, et les touffes grises duveteuses ôtées sur la crinière noire d'un âne gris. On peut couper les poils des oreilles et les vibrisses du menton pour plus d'élégance. Une fois douché et sec, il peut être équipé pour la nuit d'une chemise d'été en coton, qui le gardera propre dans sa stabulation. Mieux vaut une couverture imperméable légère s'il est au pré, la douche éliminant les graisses naturelles du poil.

Le propriétaire doit aussi soigner sa propre tenue. La coutume veut que l'on porte une bombe, une chemise avec cravate, une veste d'équitation, des gants, un pantalon beige avec des boots de sécurité à bout ferré ou un costume élégant (pantalon ou jupe) et un chapeau bien attaché, avec des gants et des boots de sécurité.

Il est recommandé de préparer une check-list de tout l'équipement à emporter, de se renseigner sur l'heure de début des épreuves, de calculer la durée du trajet jusqu'au lieu du concours et de compter une demi-heure de marge de sécurité, en cas d'imprévu. Le carburant, les pneus et les niveaux d'eau du véhicule doivent être vérifiés ; l'équipement, les vêtements, la nourriture et l'eau pour l'âne chargé la veille au soir, et de la litière sans poussière étalée sur le sol du van ou du camion.

Le matin du concours, l'âne doit être pansé comme de coutume et lavé si la robe est tachée. Il est conseillé de se munir pour le concours d'un sac de pansage, d'un seau et d'une éponge, car l'animal risque de transpirer pendant le voyage.

Arrivés sur le lieu du concours, une petite promenade en main lui fera grand bien (s'il est agité, mieux vaut peut-être lui mettre le bridon) pour lui laisser le loisir de découvrir l'ambiance des concours, avant de lui refaire un pansage et de lui curer les pieds. Les sabots doivent être graissés, et le contour des yeux et des

naseaux, ainsi que le dessous du couard, oints d'un peu d'huile pour bébé ou de vaseline avant d'entrer en lice.
Le numéro de présentation doit être demandé au secrétaire du concours (à moins qu'il n'ait été envoyé avant le jour J) et attaché autour de la taille avec la ficelle fournie à cet effet, ou avec un ruban fin de la même couleur que la veste achetée pour l'occasion, pour plus de discrétion et pour éviter l'effet « saucissonné » !
Mieux vaut s'habiller largement à l'avance pour l'épreuve, s'échauffer au petit trot avant d'entrer en lice et localiser la zone d'accès, en veillant à ne pas trop s'approcher des autres ânes, pour éviter un coup de pied malheureux.

Monter

La selle

Le bridon doit être mis en place, puis le licol par-dessus, et l'âne attaché avec un nœud d'attache simple à un point d'attache sans danger. Lors de sa première rencontre avec la selle, l'âne peut être surpris, de sorte qu'un bridon bien mis favorise le contrôle sur lui.
La selle (des selles synthétiques, western ou des bardettes en feutre sont disponibles) doit être placée sur le garrot puis prudemment glissée vers l'arrière jusqu'à sa position correcte, afin que les poils du dos de l'âne reposent à plat. La selle doit être positionnée symétriquement sur le dos de l'âne avec un dégagement pour la colonne vertébrale et être assez large pour ne pas pincer les épaules. Attention, la selle ne doit pas être trop grande, ce qui ferait peser le poids du cavalier sur les reins (la partie la plus faible du dos). On peut utiliser un tapis de selle pour protéger le dessous de la selle de la sueur. Le tapis doit toujours être bien dégarroté, et lavé régulièrement. Une bardette en feutre n'a ni arçon ni gouttière, de sorte qu'elle repose à plat sur le dos de l'âne. De par sa construction souple, elle ne frotte pas mais elle est plus inconfortable pour le cavalier. La sangle doit être attachée derrière le coude et resserrée progressivement. On doit pouvoir confortablement glisser la main entre la sangle et le flanc de l'animal. L'âne va se détendre une fois la selle sanglée, et l'on peut normalement resangler sans mal quelques minutes après. Un fourreau de sangle en polaire enfilé sur la sangle protège la peau fine du pli du coude.
Il est conseillé de mettre une croupière pour empêcher la selle de glisser en avant. Pour ajuster la croupière, il faut se tenir près de la croupe côté gauche, face à la queue. On passe la croupière autour de la queue en la remontant jusqu'à la base du couard, en veillant à ne pas prendre de poils à rebrousse-poil. L'âne risque d'être tendu au début. On pose la courroie le long de la colonne vertébrale de l'âne et on l'accroche à l'anneau en D à l'arrière de la selle. Il doit y avoir la largeur d'une main entre la courroie de la croupière et la colonne de l'âne quand la croupière est attachée, et elle ne doit entrer en action que lorsque l'âne descend une pente. Le culeron (la partie qui fait le tour de la queue en cuir), pour être bien fait, doit être rembourré de graines de lin. Les graines secrètent de l'huile dans le cuir, ce qui le garde souple et doux contre la peau sensible sous la queue.

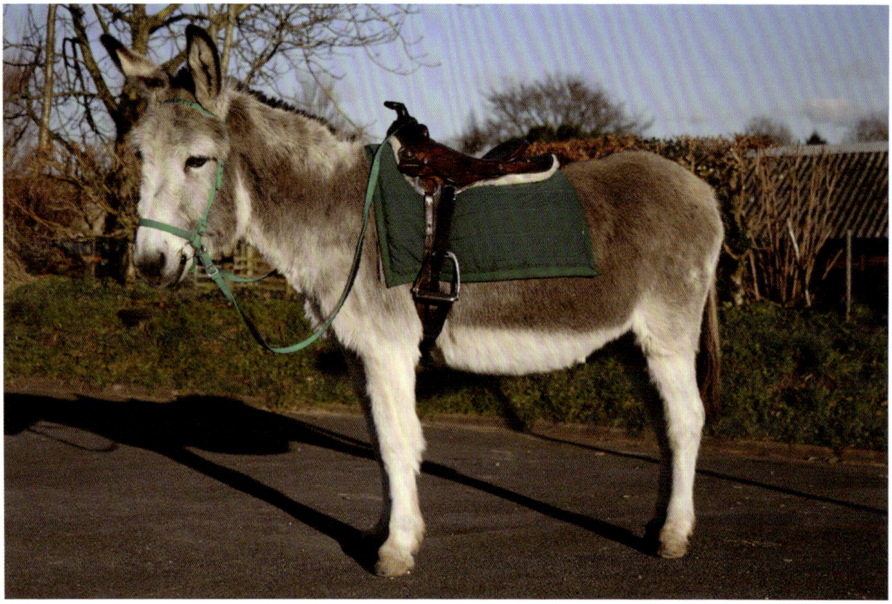

Un âne harnaché et sellé

Étriers et étrivières

Si la selle n'a pas de couteaux sur les porte-étrivières, on optera pour des étriers de sécurité pour éviter que le pied du cavalier ne reste coincé en cas d'incident. S'il y a des couteaux, ils doivent être abaissés lorsque le cavalier est en selle.
Un espace de travail sans danger doit être prévu dans un coin du pré, et l'animal marché en main pour le découvrir et se familiariser avec cet espace et le port de la selle avant de recevoir un cavalier sur le dos. Il doit avoir le temps de s'accoutumer à la sensation des étriers battant ses flancs quand il marche et trotte en main, ce qui le prépare au cas où le cavalier perdrait un étrier.
Certaines selles ont une boucle autour du pommeau où les jeunes cavaliers peuvent se tenir, mais il est tout aussi simple de nouer une vieille étrivière autour de l'encolure.

Technique de monte

Le cavalier doit peser moins de 50 kg et être équipé d'un casque à sa taille et conforme aux normes CE ou FFE en vigueur, et de bottes d'équitation à semelle plate et petit talon. Pour commencer, il est conseillé d'enrôler un enfant qui sait déjà monter.
Avant que le cavalier ne se mette en selle, la sangle doit être vérifiée et les antérieurs de l'âne étirés vers l'avant, un par un, pour dégager les poils éventuellement pris à l'envers sous la sangle. Un assistant au sol aide le cavalier à se mettre en selle ou place l'âne à proximité d'un petit muret ou d'un montoir, et tient l'étrier côté droit afin que la selle ne tourne pas quand le cavalier se met en selle. La sangle doit être à nouveau vérifiée une fois le cavalier en selle, car il faudra probablement resangler. Le fourreau de sangle doit être bien à plat, pour éviter les blessures.

Le cavalier chausse les étriers. S'ils sont réglés à la bonne hauteur, le plancher de l'étrier doit arriver au niveau de l'os de la cheville quand l'étrier n'est pas chaussé et que la jambe pend librement. Les deux étriers doivent être de même longueur et les étrivières reposer à plat contre la jambe (elles risquent de frotter dans le cas contraire). Les rênes peuvent être nouées et posées sur l'encolure de l'âne, et l'enfant peut se tenir à la courroie autour du pommeau ou au collier, ou encore tenir les rênes.

L'assistant doit tenir l'enfant en permanence pendant que le propriétaire marche l'âne en main dans l'enclos sécurisé, aux deux mains. Attention à garder son sang-froid si l'âne s'énerve face à cette nouveauté, et à progresser graduellement : les changements d'allure ou les mouvements brusques du cavalier pourraient effrayer l'animal. Une fois l'âne en confiance, on peut l'emmener découvrir un autre environnement et si tout se passe bien, mettre un cavalier plus novice sur son dos dans l'enclos sécurisé.

Les enfants ne doivent jamais monter non accompagnés d'un adulte.

Tenir les rênes pour monter

Quand le cavalier est à l'aise en selle, il peut prendre une rêne dans chaque main, en plaçant trois doigts autour des rênes et le pouce au-dessus, le flot des rênes sortant vers le haut. Le petit doigt repose sous les rênes et il est le plus près de la bouche de l'âne. Visuellement, une ligne droite doit relier le mors, la main et le coude du cavalier, en courant le long de la rêne. Les coudes doivent être pliés et décontractés, reposant de chaque côté du cavalier.

Position en selle

Le cavalier se tient droit au centre de la selle, le poids du corps également réparti sur les ischions. Les genoux sont pliés de façon à ce que le bas de la jambe soit dans le prolongement du corps, le talon plus bas que les orteils et le plancher de l'étrier sous la plante de pied. Visuellement, une ligne verticale doit relier l'oreille du cavalier, l'épaule, la hanche et le talon.

Aides (signaux)

Voici les aides de base pour un enfant.

Le pas

Il faut prendre un léger contact sur les rênes et légèrement serrer les flancs de l'âne entre les mollets. Pour commencer, cette aide de jambe doit s'accompagner d'un ordre vocal (« marche »). L'âne apprendra rapidement l'aide de jambe par association avec cet ordre qu'il connaît déjà et, petit à petit, la voix cessera d'être nécessaire.

L'arrêt

En se redressant et en pesant plus lourdement dans la selle, on augmente graduellement la pression sur les rênes jusqu'à ce que l'âne s'arrête. Là aussi, le geste doit être accompagné de la voix (« arrête »). Une fois à l'arrêt, on cède sur les rênes.

Trot

Ce signal est similaire à celui du pas mais, comme l'âne marche déjà, il comprend qu'il doit accélérer et passe au trot. Pour le ramener au pas, on procède comme pour l'arrêt, en se redressant et en pesant dans la selle et en serrant légèrement les doigts sur les rênes mais, dès qu'il ralentit, en cédant sur les rênes afin qu'il continue de marcher et ne passe pas directement du trot à l'arrêt.

Tourner

L'enfant doit très tôt apprendre à utiliser une rêne d'ouverture pour tourner, afin qu'il ne soit pas tenté de tirer sur la bouche de l'âne pour ce faire. Pour tourner à gauche, la rêne gauche doit être écartée de l'encolure de l'âne, le pouce indiquant la direction du mouvement, permettant à la tête de l'âne de tourner dans la direction demandée. Le contact avec la bouche de l'âne doit être constant. Le bas des deux jambes serre les flancs, la jambe extérieure positionnée légèrement plus en arrière que la jambe intérieure, pour aider l'âne à s'incurver. Pour tourner à droite, il suffit d'inverser les aides.
En cas de problème, mieux vaut demander l'aide d'un professionnel.

Longues rênes et attelage

Bride d'attelage

À l'inverse de la bride de monte, la bride d'attelage possède des œillères. Le mors le plus courant pour les chevaux d'attelage est le mors Liverpool, mais le mors papillon est moins sévère tout en procurant un bon contrôle. Le mors Kimberwick est une autre option. Quel que soit le mors pour lequel on opte, il doit avoir une embouchure droite avec un passage de langue (pour permettre à la langue de reposer confortablement), une gourmette et plusieurs anneaux, pour pouvoir modifier le positionnement des guides et permettre un effet variable. Le mors doit être est suffisamment large pour la bouche de l'âne ; on doit pouvoir glisser le petit doigt de chaque côté du mors à l'extérieur de la bouche de l'âne.
La muserolle de la bride d'attelage s'insère dans les montants de la bride et doit être plus serrée que pour monter, pour éviter que les montants ne s'écartent et que l'âne puisse voir derrière ou sous les œillères. La vue de la calèche derrière lui pourrait en effet provoquer une panique et des ruades. Des rosettes en laiton rattachent le frontal à la têtière et maintiennent le frontal en position. Le reste de la bride est ajusté comme pour monter.

Longues rênes

Les longues rênes, c'est de l'attelage sans calèche ! On marche (ou court) derrière l'âne mais en utilisant les aides de voix et les rênes comme si l'on menait. Initialement, on n'utilise qu'une bride, un tapis et une croupière. Mieux vaut commencer dans un pré ou un espace clos avant de se lancer sur une allée tranquille. Le port de gants, là aussi, s'impose. Les aides de voix sont recommandées : marche, arrête, marche. Mieux vaut ne pas mener aux longues rênes avec quelqu'un qui conduit

Un âne entièrement harnaché, avec un mors papillon

Un âne aux longues rênes

l'âne en main, sous peine que l'âne soit attentif à ce dernier et non au meneur. Cependant, pour vous assurer qu'il s'immobilise quand on demande l'arrêt, on peut demander à un assistant d'aller à sa tête et de l'arrêter si nécessaire. Quand il obéit bien au pas, on procède de même au trot. Il ne faut jamais hésiter à encourager et à féliciter de la voix en abondance quand il va de l'avant en ligne droite.

Au fil des progrès, on peut mener aux longues rênes avec la bricole ou le collier et le reculement, avec les traits attachés mais traînant au sol de chaque côté, afin qu'il s'habitue au bruit et à la sensation des traits contre ses flancs. L'assistant doit alors tenir les traits et graduellement imposer une traction, afin que l'âne apprenne à tirer sans à-coups. L'assistant peut ensuite tenir le reculement afin que l'âne s'habitue à la sensation d'un déplacement en pente avec le poids derrière lui ou de l'arrêt du véhicule.

L'âne doit apprendre à reculer, avec l'assistant qui le pousse en arrière pendant que le meneur lui ordonne « recule » en ajoutant une pression directe sur les rênes. Le meneur doit le faire tourner en prévoyant la place pour l'attelage derrière lui ; quand il approche d'un tournant, attention à l'éloigner du virage pour que la voiture d'attelage puisse tourner derrière lui. Dans un petit espace, les antérieurs doivent se croiser quand l'âne tourne, et la voiture décrire un petit demi-cercle. Lors du dressage plus avancé, quand l'âne est dans les brancards, l'assistant peut écarter le brancard extérieur pour l'aider à tourner. L'âne apprendra à pousser sur le brancard intérieur pour amener la voiture d'attelage sur la courbe.

Tenue des guides pour l'attelage

Bien qu'il soit acceptable de tenir une guide dans chaque main, elles se tiennent normalement toutes deux dans la main gauche. Mieux vaut prendre le temps de s'entraîner. La guide gauche reposant par-dessus l'index et la guide droite entre l'index et le majeur, on saisit les deux guides avec les deux doigts du bas, en prenant garde que les deux guides soient toutes deux de longueur égale. Dans le cas contraire, l'âne ne se déplacera pas en ligne droite.

Le mieux est de demander à un meneur d'expérience de donner l'exemple, la tenue des guides pour l'attelage étant différente de la tenue des rênes. La main droite est libre d'aider dans les tournants, de tenir la chambrière et de donner des indications. La main droite doit tenir la chambrière sans la serrer dans la main droite, pouce en haut sur le manche, la chambrière en travers du corps au-dessus de la main gauche ; attention à ne pas laisser la lanière tomber, au risque de se coincer dans la roue. Pendant l'usage, la chambrière ne doit toucher l'âne qu'entre la sellette et le collier.

Pour raccourcir les guides, on tient les deux dans la main droite posée derrière la main gauche, on fait glisser cette dernière en direction du mors et on lâche de la main droite.

Se procurer une voiture d'attelage et un harnais

Une voiture à deux roues peut avoir un palonnier ou deux boucleteaux de trait. Un palonnier est un système de fixation mobile traversant, à l'avant de la voiture, avec un boucleteau à chaque extrémité où sont attachés les traits. Le palonnier bouge quand l'âne tracte, de sorte qu'il y a moins de pression directe sur la bricole, plus adaptée pour les ânes que le collier. Les boucleteaux de trait fixes conviennent pour utilisation avec un collier.

Pour trouver une voiture d'attelage à la bonne taille, il faut connaître la hauteur de l'âne mesurée entre le sol et à mi-hauteur de ses côtes (là où les brancards reposeront) et sa longueur de l'avant du poitrail à sa queue. L'avant des brancards doit arriver au niveau du poitrail, et il faudra suffisamment de place derrière sa queue pour qu'il ne se cogne pas les jarrets dans la voiture d'attelage quand il trotte en pente.

Palonnier

Avec les brancards tenus à la bonne hauteur, on devrait pouvoir voir si la voiture roulera correctement ; le plancher doit être parallèle au sol.

Les harnais sont disponibles en matériau synthétique ou en cuir ; on préfère le cuir anglais, les autres étant moins résistants. Les harnais pour poney ont besoin de quelques ajustements pour aller à un âne, car la bricole et l'avaloire seront trop longues. La bride doit aussi être modifiée, car la têtière sera trop petite, mais l'idéal est un harnais fait sur mesure. Le prix des harnais synthétiques est plus raisonnable que le cuir.

Test d'équilibre

Il faut pour tester l'équilibre demander à quelqu'un de s'asseoir dans la voiture à deux roues pendant que quelqu'un d'autre tient les brancards à la bonne hauteur ; le poids sur les brancards doit être très léger. Les brancards ou le siège de la voiture peuvent habituellement être déplacés pour modifier l'équilibre. Si la voiture d'attelage n'est pas correctement équilibrée, il y aura pression directe sur la sellette et les porte-brancards, ce qui causera un frottement, des douleurs dorsales et des blessures.

Avec une voiture d'attelage à quatre roues, il n'est pas nécessaire d'équilibrer le véhicule, l'âne aura probablement moins de mal à le tirer. Toutefois, ces véhicules sont souvent plus grands ; il faut alors considérer le poids total du véhicule et des occupants.

L'âne moyen peut tirer un véhicule et une charge de 130 kg environ (occupants compris), sur une route relativement plane, au trot pendant 3 à 5 km, ou 150 kg au pas. Le passager peut devoir mettre pied à terre dans les montées et les descentes.

Une voiture à quatre roues attelée à une paire d'ânes

Ajuster le harnais

La bricole rembourrée s'attache autour de l'encolure. Une bricole peut vite être ajustée trop bas. Elle doit reposer juste au-dessus de la pointe de l'épaule, et surtout ne pas bloquer la trachée. Les traits s'attachent de chaque côté de la bricole et doivent être enroulés dans la boucle jusqu'à ce que vous soyez prêt à mettre les brancards, afin qu'ils ne traînent pas à terre.

La sellette est munie d'un anneau en forme de D au milieu à l'arrière, et des bracelets de brancards (pour tenir ces derniers) sont attachés à une dossière mobile (de préférence) ou fixe, une sous-ventrière et une sangle. Elle doit être positionnée approximativement une largeur de main derrière le garrot. Les ânes ont besoin d'une sellette plus en avant que les poneys à cause de leur conformation différente. La courroie dorsale y est rattachée, puis rattachée à la croupière et à l'avaloire, qui se passent respectivement autour du couard et de l'arrière-main. La tension sur la courroie dorsale doit représenter une largeur de main au niveau de la boucle.

À l'arrière de la courroie dorsale est cousu un passant dans lequel passe la barre de fesses avant de s'attacher aux boucles de chaque côté de l'avaloire. La barre de fesses tient l'avaloire sous la croupe de l'âne. Attention à ce que l'avaloire ne soit pas trop basse, ce qui forcerait les postérieurs de l'âne sous lui quand il doit soutenir le poids de la voiture, dans les pentes descendantes ou à l'arrêt. Avec les traits serrés, il doit y avoir la largeur d'une main entre l'avaloire et la croupe. De chaque côté de l'avaloire se trouvent les courroies de reculement, qui se bouclent sur les brancards, en faisant une boucle en huit. Il est très important de vérifier que les courroies de reculement ne sont pas usées au point de risquer de céder.

Lorsque la croupière, l'avaloire et les courroies de reculement sont en place, on attache la sangle sur la sellette, en commençant par la passer dans la boucle de la bricole (s'il y en a une). On vérifie, comme pour la selle, que la sangle est bien serrée (il n'est cependant pas nécessaire de serrer autant que pour monter). Il est souhaitable d'utiliser un fourreau de sangle en polaire pour protéger la peau

sensible du pli du coude. On glisse la sous-ventrière dans le passant pour éviter qu'elle traîne et ne vienne frapper les membres de l'âne.
Les guides, en cuir brun, sont glissées dans la sellette et les clefs, avec les boucles vers l'extérieur. On replie le flot des guides pour le coincer sous la courroie dorsale, pour éviter qu'elles ne s'emmêlent et ne gênent.
Tout doit être prêt (meneur et voiture) avant de mettre la bride. L'âne doit être sorti de la stabulation avant de le brider car, une fois les œillères en place, il ne peut voir que devant lui et risque de se cogner la hanche en passant la porte.
La bride doit être passée en prenant garde ; une bride qui se déboucle au niveau de la têtière est utile. On vérifie l'ajustement des œillères : elles doivent être bien centrées sur les yeux et les courroies ni trop serrées ni trop lâches. On attache la sous-gorge, en laissant la largeur d'une main entre elle et la mâchoire, puis la muserolle, bien serrée pour maintenir les œillères en place. On attache ensuite la gourmette en la tournant dans le sens contraire des aiguilles d'une montre jusqu'à ce qu'elle soit à plat et en l'attachant au crochet côté droit. La gourmette doit entrer en contact avec la mâchoire quand le mors dessine un angle de quarante-cinq degrés avec la bouche (pour la présentation en main, la gourmette doit être double et la boucle de la fausse gourmette retirée). Pour finir, on attache les guides au mors. C'est fini !

Équipement

Il faut une chambrière, des gants, un casque agréé, une couverture ou un tablier de meneur pour mettre sur les genoux et des chaussures robustes, sans oublier de l'aide !

On y va !

Pour éviter que l'âne ne soit effrayé, on le conduit en main jusqu'à proximité de la voiture pour l'habituer à sa présence, en le mettant face à un mur ou à une

Âne entièrement harnaché attelé à une voiture à deux roues avec palonnier

Reculement et bracelets de brancards

clôture pour l'empêcher de fuir. Attention à choisir un sol plat, pour éviter que la voiture ne roule intempestivement ! Un aide doit se tenir devant l'âne, face à lui, en tenant les montants de la bride de chaque côté.

On amène toujours la voiture à hauteur de l'âne, brancards levés largement au-dessus de la croupe, avant de les abaisser doucement en position et de glisser les brancards dans les bracelets ou dans les porte-brancards. On ne fait jamais reculer un âne dans les brancards. On détache et on enfile les brancards à l'intérieur de la sous-ventrière, puis on accroche les boucleteaux de trait du palonnier des deux côtés. Les traits doivent toujours être attachés en premier ; ainsi, si l'âne essaie d'en sortir, il est attaché à la voiture et ne risque pas de se coincer. Une courroie courte doit être enroulée une fois autour du brancard, en passant aussi autour du trait. Avec une courroie longue, on fait un huit autour du brancard, en enroulant une seule boucle autour des traits. Si le harnais comporte des porte-brancards séparés, vous n'avez pas besoin de passer le trait dans la courroie de reculement.

On fixe et on règle la sous-ventrière (qui tient les porte-brancards en bas). Les porte-brancards et les brancards doivent être à bonne hauteur et bien équilibrés, avec un peu de jeu. Une fois le meneur assis, les brancards doivent « flotter » dans les porte-brancards si la voiture est correctement équilibrée. On remarque aussi un léger jeu du sanglon des porte-brancards ; aucun poids ne repose sur le dos de l'âne. L'ensemble du harnais doit être vérifié et revérifié, pour plus de sécurité, de confort et d'ajustement.

Une fois le véhicule attelé, on le fait doucement rouler en arrière et en avant pour habituer l'âne à la sensation. Pour commencer, on le conduit en main par la bride tout en demandant à quelqu'un de tenir les guides sans monter dans la voiture. Quand l'âne est en confiance, le meneur peut s'installer. Pendant ce temps, l'assistant doit se tenir devant l'âne, face à lui, un montant de bride dans chaque main.

Monter dans la voiture

En se tenant côté droit de la voiture, guides bien à plat, on les prend dans la main droite, la guide gauche en haut et le majeur pour les séparer, en enroulant le flot autour du petit doigt ou du bras pour ne pas se prendre les pieds dedans. On monte dans la voiture pour s'asseoir côté droit du siège, et transférer les guides dans la main gauche. Il faut toujours se tenir face au sens de la marche quand on monte ou descend de la voiture, afin de pouvoir contrôler l'âne avec les guides s'il essaie de bouger avant que le meneur soit assis en toute sécurité. Il est important de vérifier l'équilibre de la voiture une fois le meneur à bord.

L'assistant doit rester à la tête de l'âne jusqu'à ce qu'on soit prêt à partir. Il vaut mieux prévoir un signal avec l'assistant, par exemple un hochement de tête, pour lui indiquer de s'écarter du chemin. L'âne risque d'anticiper le départ s'il entend parler.

Le meneur doit s'asseoir bien droit et reposer ses pieds à plat sur le plancher. Certaines voitures possèdent un repose-pieds. La main gauche doit être portée au milieu du buste juste au-dessus du niveau du nombril, coude plié.

Quand on mène pour la première fois sans personne pour conduire l'âne en main, il faut néanmoins que l'assistant se tienne prêt à attraper la tête de l'âne dès l'arrêt, pour permettre au meneur de descendre sans risque. Les aides doivent être les mêmes que dans les premiers temps du dressage : « marche » et « arrête ». Mieux vaut ne pas trotter les premières fois et toujours rester sur terrain plat, les collines compliquant énormément les choses.

Si l'âne s'inquiète, on repasse à l'étape précédente pendant quelques séances. Si on a l'intention de se promener régulièrement sur route, il faut envisager de ferrer l'âne et de prendre conseil auprès du maréchal.

Une fois la promenade terminée, attention à retirer la voiture et le harnais en toute sécurité, en inversant les procédures du début.

Il ne faut jamais oublier que la condition physique de l'âne se travaille progressivement et qu'il faut du temps pour que la peau se durcisse aux endroits où le harnais peut frotter. Si l'âne transpire, on peut envisager de tondre pour le garder frais. Par ailleurs, il sera plus facile à tenir propre, ce qui évite les blessures de harnachement.

Une fois le harnachement retiré, les brancards doivent être nettoyés pour éliminer la sueur, les pieds curés et l'âne ramené au paddock pour s'y rouler et marcher un peu avec son compagnon pour se rafraîchir. Il ne doit pas boire beaucoup tant qu'il est encore chaud (il n'a droit qu'à quelques gorgées). Il doit être nourri en fonction de son travail et de son poids corporel, en se rappelant toujours qu'être en forme n'est pas synonyme d'être gras. Le harnais doit être rangé dans un endroit sec, et nettoyé et entretenu régulièrement, en remplaçant les courroies usées.

Sécurité

Il est recommandé de prendre un panier en cas d'urgence et de réparations imprévues quand on part en promenade attelée. Voici quelques suggestions : un licol et une longe, un couteau, un emporte-pièce, une courroie en cuir, une longueur de corde, de la ficelle, un renfort (une courroie courte en cuir avec un sanglon à chaque extrémité), un trait de rechange, un téléphone portable, un bloc-notes et un stylo, un cure-pied, une pompe à pied et un kit de crevaison. Le panier doit être solidement arrimé dans la voiture.

Il ne faut jamais mener sans assistant ; il faut du temps pour pouvoir conduire un attelage avec habileté et en toute sécurité sur les routes.

Chaque été, nous emmenons quelques ânes choisis parmi le troupeau résident du Donkey Sanctuary dans les foires des comtés du sud-ouest de l'Angleterre. Paddy a été sauvé d'un marché et avait sur le flanc un horrible abcès qui refusait de guérir. Après trois mois de soins intensifs de notre service vétérinaire, la blessure a commencé à se refermer et, bien qu'elle ait laissé une cicatrice, il n'en a pas moins été primé en tant que Plus Beau Hongre de la foire du comté de Devon en 2005.

Juniper arborant fièrement sa rosette à la foire du comté de Devon en 2009

Les informations figurant dans ce chapitre sont conçues pour faciliter les premiers pas, mais il est possible de se procurer auprès de l'Ânerie, le Centre de formation sur l'âne, un petit fascicule d'une soixantaine de pages sur l'attelage.

Références

Centre de formation sur l'ÂNE
L'Ânerie - 46090 Cours
Tél : 06 87 47 68 84
www.anerie.com

Photographies reproduites avec l'aimable autorisation de Dan Bryan.

CHAPITRE 10

RACES D'EUROPE

On estime à 763 000 ânes la population européenne, selon les statistiques de la FAO, mais en dépit de ce chiffre élevé, le nombre d'animaux pur-sang de chaque race est généralement faible, plusieurs d'entre elles étant même au bord de l'extinction.

Grâce aux recherches tenaces conduites par Mal Squance pour sa compilation de races en Europe dans la troisième édition du *Professional Handbook of the Donkey*, publié en 1997, on bénéficie désormais d'une bonne base de travail à partir de laquelle faire de plus amples recherches sur les dix-sept races d'ânes actuellement répertoriées en Europe.

Ce n'est que dans les quinze à vingt dernières années que des stud-books ont été constitués pour bon nombre des races mentionnées dans ce chapitre. En conséquence, il est difficile d'évaluer tout l'historique du développement de certaines d'entre elles, tandis que d'autres ont été relativement plus faciles à étudier.

On voit clairement que la reproduction de certaines races a été encouragée pour satisfaire les besoins propres aux diverses régions : pour le bât, le trait et le tourisme, entre autres choses, ainsi que pour les conditions de terrain selon l'endroit. On recherchait par exemple un pied sûr pour les régions montagneuses et la vitesse pour des paysages plus plats. Les races tirent leur nom de la région dont elles sont originaires, il n'est donc pas rare que plusieurs races se ressemblent beaucoup bien qu'originaires de pays différents.

France

Grand Noir du Berry

Hauteur : mâles de 135 à 145 cm. Femelles à partir de 130 cm.

Robe : bai brun, bai brun foncé ou noir.

Marques : la bande cruciale est absente et les membres ne portent pas de zébrures visibles. Blanc/gris autour des yeux, du museau, sous le ventre et à l'intérieur des avant-bras et des cuisses.

Conformation : très bien proportionné, avec une tête et une encolure puissantes, un dos droit. C'est un bel animal, qui dégage globalement une impression de force et de robustesse.

Généralités : on voyait souvent le Grand Noir du Berry, animal de trait du petit paysan par excellence, au travail dans les champs et dans les vignobles. Vers le milieu du XIXe siècle, ces ânes remplacèrent les hommes pour haler les barges sur le canal du Berry et plus loin en direction de Paris, sur le canal de Briare.
L'Association française de l'âne Grand Noir du Berry a été fondée pour promouvoir la race et l'utilisation de l'âne du Berry et pour mettre en place un stud-book. Un recensement conduit en 1993 a dénombré quatre-vingts ânes (mâles et femelles) conformes au standard de la race. En 2000, leur nombre était passé à près de six cents.
Aujourd'hui, non seulement ces ânes continuent de travailler sur de petites exploitations agricoles, mais leur nature docile et leur physique puissant leur confèrent aussi un rôle tout naturel dans le tourisme, le transport des bagages de randonneurs, etc. Ils sont également une attraction dans de nombreuses foires aux quatre coins de la France.

Ondine de Brenne, ânesse Grand Noir du Berry née en juin 2002, propriété d'Yvonne Canavan.

Informations gracieusement fournies par l'Association française de l'âne Grand Noir du Berry (AFAGNB).

Âne de Provence

Autres noms : gris de Provence, âne d'Arles, âne du pays de Crau, âne de Savoie

Hauteur : mâles entre 120 et 135 cm ; femelles entre 117 et 130 cm.

Robe : généralement gris perle. Elle peut varier du gris clair au gris foncé, avec souvent une nuance rougeâtre ou brunâtre.

Marques : bande cruciale foncée et nette. Le front, les oreilles et le contour des yeux ont presque toujours une nuance brunâtre/rougeâtre. On trouve souvent des marques blanches autour des yeux et du menton. Le museau, le ventre, l'intérieur des avant-bras et des cuisses sont quasiment toujours blancs.

Conformation : très bien proportionné, avec une encolure puissante, un dos droit et une arrière-main ronde ou oblique. Les membres sont solides, avec une structure osseuse robuste, et peuvent être marqués de zébrures horizontales noires. Les sabots sont assez grands pour un âne. Cet âne était élevé spécialement pour porter des charges lourdes et pour son pied sûr.

Généralités : pendant près de cinq ans, depuis le XVe siècle, l'âne de Provence a joué un rôle essentiel dans la transhumance des moutons entre la Basse-Provence, la Haute-Provence, les Alpes françaises et le Dauphiné. Grâce à sa docilité et sa conformation, il était parfaitement adapté au transport de matériels, de provisions pour les bergers, de sel pour les moutons ou même des agneaux nés pendant le périple.

Jade, ânesse de Provence de neuf ans. (Photo reproduite avec l'aimable autorisation de Daniel Bignon)

L'âne de Provence a été reconnu en tant que race par les Haras nationaux en 1995. En 1996, l'administration officielle du stud-book a entamé une campagne d'efforts pour inverser la tendance à la diminution des effectifs.

Informations gracieusement communiquées par l'Association de l'âne de Provence.

Âne des Pyrénées

Taille : à partir de 120 cm.

Robe : essentiellement d'un noir brillant, mais on trouve aussi le brun foncé ou l'alezan.

Marques : gris/blanc autour des yeux, sur le museau, sous le ventre et à l'intérieur des avant-bras et des cuisses. Le standard de la race ne comporte ni bande cruciale visible ni zébrures.

Conformation : une structure osseuse relativement fine, avec une tête attractive et intelligente. L'encolure, le dos et l'arrière-main sont particulièrement musculeux. L'impression générale est celle d'un âne gracieux, fort et beau.

Généralités : l'âne des Pyrénées, descendant de l'âne catalan, servait pour la production de mulets. En 1801, J.-B. Huzard, chantant les louanges de ces animaux, écrivait que « juste avant la révolution, des ânes d'une taille et d'une force peu commune travaillaient encore aux moulins de Toulouse, de Montauban et de Moissac. Au siècle dernier, des ânesses des Pyrénées étaient utilisées pour produire du lait, recommandé par les médecins de l'époque. Les mâles servaient essentiellement à la production de mulets dans le sud de la France ou comme animaux de trait ».

La race était réputée être le mode de transport le plus adapté aux terrains difficiles de la région, et indispensable à l'agriculture sur versants. Ces ânes n'ont pas été utilisés pour le travail traditionnel depuis le milieu du siècle dernier, mais sont aujourd'hui très populaires dans l'industrie du tourisme, et servent souvent pour le trekking dans la région des Pyrénées.

Informations gracieusement communiquées par l'Association nationale des éleveurs d'ânes et de mules des Pyrénées.

Âne normand

Taille : mâles et femelles toisent entre 110 et 125 cm.

Robe : brun à gris souris. Gris/blanc autour des yeux, sur le museau, sous le ventre et à l'intérieur des avant-bras et des cuisses.

Marques : bande cruciale et raie de mulet bien nettes. Pas de zébrures.

Conformation : fort et trapu. Une tête bien définie sur une encolure courte et musculeuse.

Généralités : l'âne normand a été reconnu par les Haras nationaux en 1997. Traditionnellement utilisé dans les fermes pour transporter le maïs et le foin, cet âne exceptionnellement vigoureux transportait également de petits bidons à lait jusqu'aux champs où l'on trayait des vaches. Il n'était pas rare qu'il porte des charges équivalentes à son propre poids corporel, soit approximativement 180 kg. Il était populaire dans les stations balnéaires et les foires de village ; aujourd'hui, à l'instar de nombreuses autres races françaises, il est utilisé dans le tourisme et comme animal de compagnie.

Informations gracieusement communiquées par l'Association de l'âne normand.

Âne du Cotentin

Taille : mâles entre 120 et 135 cm. Femelles entre 115 et 130 cm.

Robe : gris cendré, gris-bleu ou gris perle. À l'occasion, on peut déceler une teinte rougeâtre de la robe, particulièrement autour de la tête. Gris/blanc autour des yeux, sur le museau, sous le ventre et à l'intérieur des avant-bras et des cuisses.

Marques : bande cruciale bien définie. Zébrures occasionnelles.

Conformation : un âne bien conformé, aux membres solides, à l'encolure et aux épaules puissantes, au poitrail large.

Généralités : l'âne du Cotentin, que l'on trouve dans la région normande de la Manche, a été reconnu par les Haras nationaux en 1997. À l'origine, il servait dans les fermes pour le transport du lait, du foin, du fumier et des pommes pour la production de cidre. On croit que les ânes des îles Galápagos sont des descendants de cette race. Aujourd'hui, il est souvent associé au trekking et, de par sa nature particulièrement calme, à l'asinothérapie, populaire en Europe.

Ânes du Cotentin (Photo reproduite avec l'aimable autorisation de Daniel Conan de L'Élevage Cotent d'Âne)

Baudet du Poitou

Taille : mâles entre 145 et 160 cm. Femelles entre 135 et 145 cm.

Robe : bai brun, ventre et intérieur des cuisses gris clair. Le poil est naturellement long, épais et emmêlé.

Marques : à savoir pour distinguer un baudet du Poitou pure race : il ne doit pas présenter de raie de mulet.

Conformation : globalement, la conformation du baudet du Poitou est celle d'un âne très lourd. Il possède une tête exceptionnellement grande, des oreilles longues et larges et des membres robustes aux articulations larges.

Généralités : le baudet du Poitou existe depuis plusieurs centaines d'années. Il a frôlé l'extinction au milieu des années 1970 : on en dénombrait plus que douze mâles et treize femelles. On les utilisait essentiellement pour produire de grandes mules (en les croisant avec des mulassiers, un très grand cheval de trait français), qui servaient dans l'agriculture française, et ce dès le Moyen Âge.

Grâce à la résolution des associations locales et nationales, au soutien reçu d'autres régions de France et de l'étranger et à la politique de l'association Sabaud et au zèle de ses responsables, cette race ancienne a été sauvée.

The Donkey Sanctuary, avec Bob Camac, un expert du baudet du Poitou, rencontrait régulièrement la SABAUD et ses responsables visitaient le refuge. Ensemble, ils ont convenu d'un programme destiné à sauver la race. Le refuge a également pris sous son aile un baudet et une ânesse de race pure, à partir desquels un petit programme d'élevage spécialisé a été entrepris, sans frais pour l'organisation caritative.

Baudets du Poitou

Il s'agissait d'un programme à court terme, et The Donkey Sanctuary et la Sabaud sont désormais heureux de pouvoir considérer le risque de disparition de la race comme raisonnablement écarté.

Informations gracieusement communiquées par l'Association pour la sauvegarde du baudet du Poitou (Sabaud).

Espagne

Âne andalou

Taille : mâles entre 145 et 160 cm, femelles entre 135 et 150 cm.

Robe : essentiellement gris pommelé ou aubère.

Marques : généralement, la bande cruciale traditionnelle est absente.

Conformation : une tête proportionnellement longue mais belle, portée haut, dégageant une impression d'énergie. Le corps, et plus particulièrement l'arrière-main, semble plutôt anguleux, avec des membres longs. Cette conformation donne à la race des allures gracieuses et fluides.

Généralités : la race a évolué dans les fertiles vallées du Guadalquivir pour répondre aux besoins des fermiers andalous, qui voulaient un animal fiable, de bonne volonté, patient et bien développé, également apte à la production de mules, très demandées. Il travaillait dans les forêts de lièges et les champs d'oliviers et d'agrumes.

Un âne andalou

Malheureusement, la mécanisation a entraîné une réduction drastique des effectifs de la race, au point qu'elle est désormais classée dans les espèces menacées. Selon une étude du département de science vétérinaire de l'université de Cordoue, il ne reste peut-être pas plus de cent cinquante ânes andalous dans le monde.

Diverses organisations ont lancé des projets visant à sauver cet âne magnifique et naturellement gentil de l'extinction.

Informations gracieusement communiquées par l'Asociación nacional de criadores de la raza asnal andaluza.

Âne catalan

Taille : mâles entre 145 et 160 cm. Femelles entre 135 et 148 cm.

Robe : la robe est sombre, du noir au lie-de-vin foncé, en passant par toute la palette des nuances entre les deux.

Marques : gris/blanc autour des yeux, sur le museau et sous le ventre. Le poil court et fin a souvent une nuance rougeâtre ou alezane à l'endroit où les poils noirs rencontrent les blancs, qu'on trouve aussi sur les oreilles.

Conformation : une grande tête avec un front large et de grands yeux larges. Un corps puissant et musculeux au poitrail éclaté, donnant de la puissance et de la grâce aux allures.

Généralités : l'âne catalan est considéré comme l'élite de l'espèce dans le monde entier. Il est célèbre pour sa conformation exceptionnelle, son tempérament, son endurance et sa capacité à parcourir de longues distances. On l'utilisait souvent pour aider à la protection des forêts contre les incendies, en le faisant pâturer sur les herbes sèches et les buissons.

À la fin du XIXe siècle, plus de quatre cents étalons et deux cents femelles furent exportés en Amérique du Nord. On en exporta aussi un nombre inconnu en France, en Angleterre, au Canada, en Inde, en Australie, en Afrique, en Italie, dans les États des Balkans et en Amérique centrale et Amérique du Sud, où ils servaient souvent comme améliorateurs des races locales et pour produire de grandes mules.

L'influence de l'âne catalan est encore visible aujourd'hui dans de nombreuses autres races, y compris l'âne de Teamster en Australie, l'âne du Kentucky en Amérique et l'âne de Martina Franca en Italie.

Informations gracieusement communiquées par l'Associació pel foment de la raça asinina catalana (AFRAC).

Âne de Majorque

Taille : mâles entre 145 à 155 cm. Femelles entre 125 et 135 cm.

Robe : noir ou lie-de-vin foncé.

Marques : gris/blanc autour des yeux, sur le museau et sous le ventre.

Conformation : à part sa stature plus petite, l'âne de Majorque est pour le reste identique au catalan, avec une grande tête, un front large et de grands yeux. Un corps puissant et musculeux avec un poitrail éclaté, donnant de la puissance et de la grâce aux allures.

Généralités : on ne trouve que très peu d'informations sur cette espèce quasi éteinte, originaire de Majorque et des îles Baléares. Les étalons servaient uniquement à la reproduction et les ânesses au travail de trait, de bât pour le transport des olives, et comme moyen de transport.

En 1990, un groupe d'éleveurs intéressés a fondé une association pour sensibiliser à l'avenir de la race et conseiller les éleveurs. Un standard a été défini, les animaux identifiés et l'enregistrement mis sur pied. En 1992, il n'y avait que douze étalons et soixante ânesses enregistrés. On sait que la race fut utilisée dès le Xe siècle pour faire naître des mules, comme l'âne catalan. En 1993, le ministère de l'Agriculture et de la Pêche britannique a approuvé le standard de l'âne de Majorque.

Plus récemment en 2005, selon l'association ACRIPOASMA, cinquante ânes de Majorque étaient inscrits au stud-book.

Informations gracieusement communiquées par l'Association nationale d'éleveurs et de propriétaires d'ânes de pure race majorquine (ACRIPOASMA).

Âne Zamorano-Leones

Taille : mâles entre 151 et 157 cm. Femelles 141 cm en moyenne.

Robe : du noir au brun. Le poil d'hiver est long, dense et hirsute, tandis que le poil d'été est beaucoup plus court et doux. Les oreilles ont fréquemment des poils très longs, de couleur claire, qui pendent devant.

Un âne Zamorano-Leones

Marques : gris/blanc autour des yeux, sur le museau et sous le ventre.

Conformation : Il possède une tête large, un front étroit à moyennement large et une encolure puissante. Ses oreilles sont exceptionnellement longues et ont tendance à pendre devant ou sur les côtés.

Généralités : l'âne Zamorano-Leones est un animal très robuste, qui servait dans les fermes et pour la reproduction de mules. Comme les autres races espagnoles, ses effectifs ont connu un déclin dramatique. Un stud-book fut établi en 1940, mais il fut plus tard abandonné. La population s'est maintenant stabilisée, mais les exemples parfaitement conformes au standard de la race sont rares. Heureusement, les Haras de l'armée ont conservé des étalons et des femelles, et l'on espère que par l'entremise de l'Union européenne, de plus amples recherches pourront être menées à bien, et l'enregistrement et le stud-book enfin rétablis.

Italie

Âne de l'Amiata

Taille : mâles entre 130 et 140 cm. Femelles entre 125 et 135 cm.

Robe : gris souris, avec le ventre et le museau blancs. On peut aussi trouver des marques blanches autour des yeux, sur la gorge et à l'intérieur des membres sur certaines des robes plus claires.

Marques : une bande cruciale et une raie de mulet sombres, larges et nettes. On observe aussi fréquemment des zébrures sur les membres.

Margherita, ânesse de l'Amiata née en mai 2003, propriété d'Yvonne Canavan.

Conformation : ses membres forts, son arrière-main puissante et son dos large, combinés à une encolure bien sortie, contribuent à en faire un âne alliant grande beauté et robustesse.

Généralités : originaire de la Toscane, l'âne de l'Amiata serait un descendant de l'âne sauvage d'Afrique et aurait été introduit par des marins marchands dans la région montagneuse de Monte Amiata en Toscane il y a 4 000 ans. Là, ces ânes forts, vifs et durs au labeur s'intégrèrent à la vie de travail de la plupart des familles, mais en moins d'un demi-siècle la race dut céder la place aux machines. Plusieurs organisations, notamment l'Associazione Allevatori Micci Amiatini, encouragent maintenant leur élevage pour garantir leur survie future. On les utilise notamment pour les promenades touristiques, le travail dans les régions forestières inaccessibles aux machines et même pour leur lait, qui sert à la confection de divers produits.

Informations gracieusement communiquées par l'Associazione Allevatori Micci Amiatini.

Âne d'Asinara

(Souvent incorrectement dénommé âne albinos).

Taille : de 80 à 105 cm

Robe : la plupart sont d'un blanc immaculé et ils ont souvent les yeux bleus. La peau rose est aisément visible à l'intérieur des oreilles, autour des yeux et particulièrement sur le museau, distinctement dénué de poils. La crinière et la queue sont également blanches.

Marques : absence caractéristique de toutes les marques généralement observées sur les autres races, telles que la bande cruciale, la raie de mulet et les zébrures sur les membres. Les sabots sont dépigmentés.

Conformation : petit, mais de stature robuste.

Généralités : l'île d'Asinara se trouve au large de la côte nord occidentale de Sardaigne. Les origines de la race de l'âne d'Asinara sont incertaines, et d'aucuns pensent qu'il s'agit d'une sous-race dérivée de l'âne de Sardaigne. Ils furent importés sur l'île au début du XIXe siècle et plus tard abandonnés quand les habitants migrèrent à Stintino, les laissant libres d'errer et de se reproduire à leur guise. En conséquence, la consanguinité a engendré de nombreux cas d'infertilité chez les ânesses, et la race est désormais protégée sur l'île, devenue réserve naturelle. Par le passé, leurs caractéristiques inhabituelles en ont fait des animaux prisés pour le cirque. En 2002, le département de l'élevage et de la génétique animale de l'école de médecine vétérinaire de Hanovre a rapporté qu'il ne restait plus que quatre étalons et dix-huit ânesses sur l'île.

Âne de Martina Franca

Autre nom : âne d'Apulie.

Taille : entre 145 et 150 cm.

Robe : noirâtre. Le poil d'hiver, long et épais, a souvent une nuance rougeâtre ou brun clair.

Marques : généralement gris/blanc autour des yeux, sur le museau et sous le ventre, bien que certains présentent plutôt un museau et un tour des yeux noirs.

Conformation : la tête est grande et l'encolure musculeuse, les membres solides. La conformation, globalement, donne l'impression d'un âne d'une force et d'une robustesse peu communes.

Généralités : les collines de l'Apulie sont froides en hiver et le sol souvent enneigé, alors que les étés sont très chauds, ce qui a rendu la race capable de résister à des températures extrêmes et de produire des ânons très résistants. La constitution de l'âne de Martina Franca en a fait un choix désirable dans les pays européens et non européens. D'ailleurs, selon les informations locales, il aurait joué un rôle important pendant la Seconde Guerre mondiale, transportant des équipements et des hommes pour la traversée des Alpes.

Ses effectifs sont très faibles, ayant dramatiquement chuté avec l'apparition de la mécanisation. Pour éviter son extinction, la Société pour la conservation de la race asine de Martina Franca a été créée à Russoli, dans la région des Pouilles, administrée par l'Office des forêts régionales de Martina Franca.

Selon le département de l'élevage et de la génétique animale de l'école de médecine vétérinaire, les effectifs sont passés de cent huit ânes en 1986 à cent vingt-six en 2002.

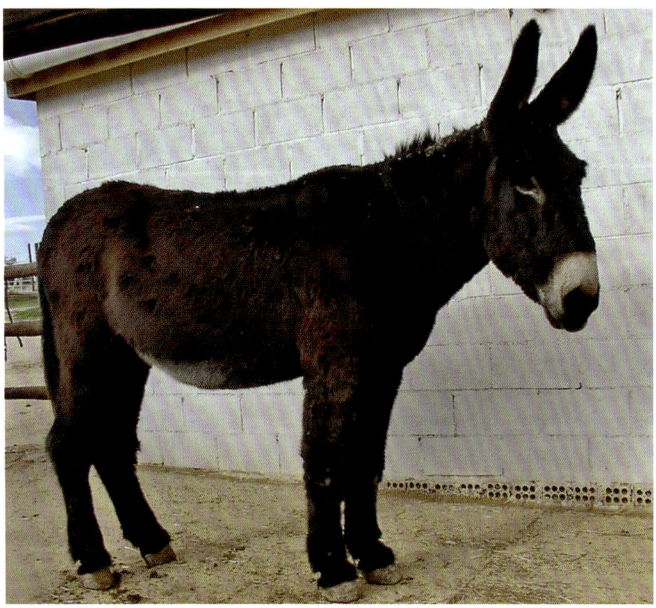

Un âne de Martina Franca au Refugio del Burrito

Âne ragusano

Taille : mâles entre 140 et 145 cm, femelles entre 135 et 138 cm.

Robe : le plus souvent bai foncé.

Marques : généralement gris/blanc autour des yeux et sur le museau, brun plus clair sous le ventre.

Conformation : croupe large et membres robustes.

Généralités : originaire de Sicile, l'âne Ragusano, comme l'âne de Martina Franca, peut endurer des climats rigoureux. Jadis, il était essentiellement consacré au labeur dans les fermes. Dans les régions montagneuses, on se remémore avec tendresse, pour leur patience et leur tempérament exceptionnel, les mules nées de ces ânes et utilisées en temps de guerre.

Plus récemment, cette race a servi à produire du lait, très similaire au lait maternel, pour les nourrissons présentant certaines intolérances alimentaires. Elle reste aussi utilisée comme monture dans la campagne, en raison de son pied sûr quel que soit le terrain.

Âne de Pantelleria

Taille : en moyenne entre 125 et 130 cm.

Robe : noir ou bai foncé. Le poil est court et brillant, comme huilé au contact, très différent du poil des autres races.

Conformation : tête petite et fine.

Généralités : originaire de la région de Trapani en Sicile, cette race a quasiment disparu mais, par le passé, elle était très prisée dans de nombreux pays comme animal de cirque. Elle possède une endurance extraordinaire qui lui permet de maintenir une vitesse de 15 km/h en tirant de lourdes charges pendant plusieurs heures. Jadis, on organisait des courses, où les ânes pouvaient atteindre la vitesse de 25 km/h. L'âne de Pantelleria possède des allures très gracieuses ; c'est un animal vif mais nerveux.

Âne de Sardaigne

Taille : entre 85 et 115 cm.

Robe : la robe est grise avec le ventre blanc.

Marque : bande cruciale nettement définie sur le dos.

Conformation : un tout petit âne, mais doté de membres solides et d'une grande robustesse. Il est notoirement connu pour sa patience et sa gentillesse.

Généralités : les bergers utilisaient l'âne de Sardaigne pour porter leurs effets dans les champs chaque jour et pour transporter du bois à brûler au retour. Au

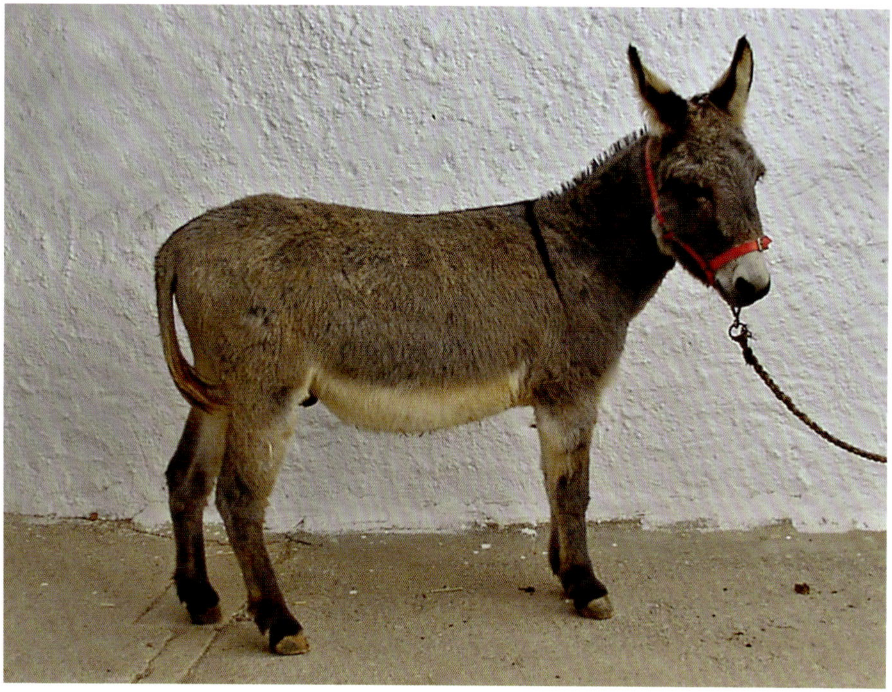

Un âne de Sardaigne au Refugio del Burrito

moins deux fois par an, lors de la transhumance des moutons, l'âne portait toutes les affaires et les provisions du berger et de sa famille. Jadis, la quasi-totalité des habitants de Sardaigne cultivaient eux-mêmes leur nourriture et possédaient un âne pour transporter les outils et les produits.

Toutefois, plus récemment, les effectifs de l'âne de Sardaigne ont décru au fur et à mesure des progrès de l'agriculture. L'Association pour la défense de l'âne de Sardaigne et le Cercle des agriculteurs essaient de sauver la race de l'extinction et préparent un stud-book.

Âne miniature de Méditerranée

Taille : moins de 91 cm.

Robe : gris, brun, noir, gris ardoise, alezan, tacheté, pie, crème et isabelle.

Marques : les marques présentent tout autant de variété que les robes.

Conformation : les associations de la race sont strictes en ce qui concerne la conformation de ces ânes miniatures, d'une grande finesse mais très jolis.

Généralités : les ânes miniatures de Méditerranée sont une race distincte de l'âne de Sardaigne. À l'origine, du fait de leur minuscule stature, ils servaient à faire tourner les meules à grain dans les maisons des paysans. Dans des images du XVIIIe siècle, on les voit attachés aux meules à grains, un bandeau sur les yeux, marchant en cercles sans fin. Ils servaient aussi à rapporter l'eau du puits du village et à transporter les provisions des bergers dans les montagnes.

Un âne miniature de Méditerranée (Photo avec l'aimable autorisation de Bluebridge Farm Studio)

Récemment, ils sont devenus des animaux de compagnie de plus en plus prisés, surtout en Amérique du Nord, où l'on recense beaucoup d'éleveurs spécialisés. Le standard de la race impose une taille inférieure ou égale à 91 cm au garrot.

Référence

Organisation des Nations unies pour l'alimentation et l'agriculture (FAO).

CHAPITRE 11

LES ÂNES EN EUROPE CONTINENTALE

Il y a des années qu'Elisabeth Svendsen s'est rendu compte qu'on ne comptait plus en Europe les ânes subissant des sévices ou victimes de négligence. Dans les premières années, des amoureux des animaux séjournant en Espagne envoyaient régulièrement des lettres pour signaler que les ânes promenaient des touristes pour la plupart bien trop lourds pour eux, souvent avec un harnais et un harnachement inadaptés.

En Europe, l'âne occupe divers rôles, notamment dans le tourisme et l'agriculture. En règle générale, l'Europe peut se diviser en trois régions distinctes en termes de type d'utilisation des ânes : l'Europe nord occidentale et centrale, l'Europe centrale du sud et du sud-ouest et l'Europe de l'Est.

En Europe nord occidentale et centrale, les ânes utilisés dans l'agriculture ou le tourisme sont relativement peu nombreux. La majorité sont des animaux de compagnie, et les problèmes ou plaintes pour cruauté émanant de ces pays sont relativement rares.

En Europe centrale du sud et du sud-ouest, la proportion d'ânes encore en service dans l'agriculture est relativement élevée, et cette région est celle qui utilise le plus l'âne dans l'industrie touristique, secteur d'activité à qui l'on doit la majorité des plaintes reçues de ces régions.

En Europe de l'Est, l'âne est principalement utilisé dans l'agriculture et, à notre connaissance pour l'instant, il est totalement absent de l'industrie touristique. L'adhésion à l'Union européenne d'autres pays d'Europe de l'Est, comme la Roumanie et la Bulgarie, aura un effet sur le statut des ânes, l'accroissement de richesse de ces pays associé à leur statut de membre de l'Union européenne signifiant la diminution du cheptel au fur et à mesure du remplacement des animaux par la machinerie. On a récemment observé une nette augmentation du nombre d'ânes partant à l'abattage pour deux raisons principales : l'effet de l'entrée dans l'Union déjà mentionné, et le très mauvais été 2007, qui a entraîné une flambée des prix des aliments en hiver, les fermiers ne pouvant plus nourrir leur bétail.

Par ailleurs, l'interdiction des chevaux sur les routes de Roumanie a entraîné l'abandon des équidés dans ce pays.

En 2003, les administrateurs du Donkey Sanctuary ont décidé qu'il était important d'avoir une présence en Europe continentale car, bien qu'on ne puisse rien faire pour la majorité des animaux en partance pour l'abattoir, il fallait être là pour ceux que l'organisation pouvait aider, et la présence dans ces pays aiderait à veiller au respect de la législation européenne de protection des animaux. En ce qui concerne les animaux de boucherie, The Donkey Sanctuary pouvait au moins surveiller leurs conditions de transport, afin d'assurer leur bien-être.

La méthode d'expansion du Donkey Sanctuary, à savoir l'achat de fermes quand le nombre d'ânes l'imposait et la dotation en personnel local, a bien fonctionné au Royaume-Uni. En Europe continentale, cette méthode s'avère plus délicate, essentiellement du fait de :

C'est à l'armée romaine que l'on doit l'introduction des ânes en Europe du Nord, où ils étaient utilisés dans les vignobles pour tirer les charrettes de provisions et comme sources d'énergie pour les moulins. Quand les Romains envahirent la Grande-Bretagne en 43 avant J. C., les ânes l'envahirent avec eux.
Extrait d'un article sur les ânes dans *Animal Life-Journal of the RSPCA*, été 2004.

- La taille de l'Europe et les difficultés relatives au transport des ânes sur de longues distances.
- La nécessité d'établir des filiales ou des personnes morales, une tâche chronophage et souvent difficile à gérer.
- La difficulté d'employer du personnel dans certains pays européens sans en connaître les systèmes et les cultures. Trouver des responsables adéquats, capables d'assurer de bonnes pratiques de travail, n'est pas chose aisée, et la barrière de la langue pose également un problème.

Malgré ces obstacles, nous avons décidé de nous implanter en Europe continentale, et le nouveau poste de directeur des opérations européennes a été confié à Paul Svendsen.

Le travail en Espagne

En 1986, des rapports nous ont signalé qu'un âne avait été écrasé à mort durant une fête dans la ville de Villanueva de la Verra. Il est apparu que chaque année, un âne portait un homme dans une procession autour de la ville, au milieu d'une foule surexcitée et avinée qui le poussait, le tirait et lui sautait dessus. Si l'âne tombait (ce qui lui arrivait souvent) sur les rues pavées, il était remis sur ses pieds par les moyens du bord. On tirait des coups de feu en l'air pour ajouter à sa terreur. Déterminés à apporter toute l'aide dont ils étaient capables, Elisabeth Svendsen et des représentants du Donkey Sanctuary ont assisté l'année suivante à la fête et ont vu avec horreur les affres que devait subir Blackie, l'âne utilisé cette année-là lors de la procession. Heureusement, le sort qui avait frappé l'âne de l'année précédente lui fut épargné et, avec l'aide des médias et notamment du quotidien *The Star*, Blackie fut racheté et amené à la sécurité du Donkey Sanctuary, où il vécut sept longues et heureuses années avec sa nouvelle compagne, Lola, avant de décéder en 1996. Des représentants du Donkey Sanctuary ont assisté à chaque *fiesta* de Villanueva de la Vera depuis lors mais, en dépit de

Âne subissant les tourments de la fiesta *de Villanueva de la Vera, en Espagne*

plusieurs appels, pétitions et suggestions alternatives, un âne subit ce calvaire chaque année. Néanmoins, la fête reste sous surveillance et, maintenant que nous avons implanté notre projet en Espagne, nous sommes à même de faire pression sur les autorités locales.

À ses débuts, suite à d'innombrables rapports signalant des ânes servant de taxis pour les touristes, Elisabeth Svendsen rédigea un Code de conduite qu'elle demanda à de nombreuses autorités européennes de mettre en œuvre. Malheureusement, cette demande resta lettre morte dans beaucoup de régions. Paul Svendsen s'efforce actuellement d'en faire appliquer une version actualisée.

À Mijas, les ânes servent de « taxis » pour les touristes depuis bien longtemps. The Donkey Sanctuary a régulièrement reçu des rapports signalant les mauvais traitements qu'ils subissent : pas d'eau, pas de nourriture ni d'abri sur le site, et quand ils ne travaillent pas, ils sont attachés très serrés. Elisabeth Svendsen a engagé les services d'un vétérinaire (Derek Baker) qui, ayant pris sa retraite à Gibraltar, se rendait chaque mois à Mijas pour vérifier l'état des ânes. Depuis l'implantation de notre projet en Espagne en 2003, nous avons pu faire beaucoup plus à Mijas à l'échelon local, et nous assurons désormais deux inspections vétérinaires par an et des visites régulières pour vérifier le respect du Code de conduite actualisé, qui a été rédigé en collaboration avec le conseil municipal. Malgré les avancées de ces dernières années, la route est encore longue, et c'est l'un des projets prioritaires en Espagne.

Paul Svendsen a réussi à trouver un site adapté à notre initiative dans le village de Fuenta de Piedra, à une soixantaine de kilomètres de Málaga, qui pouvait accueillir une centaine d'ânes. Nous avons pris le statut d'organisme caritatif, sous le nom officiel de « Refugio del Burrito ». Des travaux de construction, de clôture et de préparation des prés ont été entrepris pour mettre la propriété en

Ânes taxis à Mijas, en Espagne

conformité avec les normes requises pour accueillir des ânes. Le premier groupe adopté se composait de sept ânes andalous, provenant d'un éleveur sur la côte qui n'avait plus les moyens de s'en occuper. Peu de temps après, un groupe de treize ânes fit tout le voyage depuis l'Italie, avec une étape dans notre base près de Toulouse, en France. Ces ânes, dont beaucoup de races rares, étaient des rescapés du zoo de Naples, obligé de fermer ses portes faute de fonds. Un organisme caritatif local dirigé par Angela Chion Revel, Nata Libra, nous avait alertés. La collaboration des deux organisations les amena à bon port en Espagne, où ils constituent maintenant un ajout intéressant aux ânes espagnols qui vivent avec eux au refuge.

Le refuge de Fuenta de Piedra est ouvert au public afin que tous les visiteurs puissent voir notre travail.

Avec l'arrivée d'un tel nombre d'ânes venus d'autres territoires que l'Espagne, plus de nombreux sauvetages, il est vite devenu évident que nous devions trouver davantage de place. Nous avons donc décidé, compte tenu du nombre de sauvetages en provenance du nord de l'Espagne, que la nouvelle base devrait être plus au nord que la première, afin que les ânes n'aient plus à être transportés sur d'aussi longues distances. Après plusieurs échecs, nous avons réussi à trouver un lieu adéquat à Bodonel de Sierra, à une centaine de kilomètres au nord de Séville. La ferme de 30 hectares peut accueillir plus de deux cent cinquante ânes. Avec

Des ânes au refuge d'Espagne

Des ânes du zoo de Naples avant leur transfert au refuge en Espagne

l'achat de cette ferme, nous sommes désormais bien placés pour offrir protection et sauvetage aux nombreux ânes d'Espagne qui ont besoin d'aide.

Le Refugio del Burrito offre aussi des services d'asinothérapie aux enfants présentant des besoins spéciaux, à l'instar du centre administré par la Fondation Elisabeth Svendsen pour les enfants et les ânes au Royaume-Uni. Les ânes en bonne forme et du bon âge reçoivent un dressage spécial afin de pouvoir travailler en toute sécurité avec les enfants. À Fuente de Piedra, une unité mobile rend visite aux écoles aux alentours et une seconde unité établie au zoo de Cordoue fonctionne désormais, avec le soutien de la municipalité locale, afin d'offrir aux enfants avec des besoins spéciaux la joie d'interagir avec les ânes sauvés par El Refugio del Burrito.

Une base en Italie

Conscient du besoin d'établir de nouveaux refuges en Europe, Paul Svendsen trouva un petit site près de Turin qui, grâce à l'achat de terres adjacentes, convenait à l'accueil d'ânes venus de Roumanie, de Grèce, de France et de Suisse. Le projet en Italie fut établi en tant qu'UNLUS enregistré, l'équivalent d'un organisme caritatif au Royaume-Uni. Le statut d'UNLUS nous permet de travailler en Italie bien plus efficacement et de sauver des ânes et des mules en tant qu'entité officielle. Là encore, nous proposerons des services d'asinothérapie avec les ânes adaptés à cette mission.

La ferme se trouve dans le petit village de Sala Biellese, au pied des Alpes italiennes. Avant la Seconde Guerre mondiale, la ferme accueillait des enfants présentant des besoins spéciaux ; elle possède des caractéristiques architecturales incroyables qui sont actuellement envahies par la végétation. Nous travaillons aujourd'hui au débroussaillage d'une grande partie des anciennes terres de bruyères pour offrir des pâturages privilégiés aux ânes destinés à trouver un refuge ici, et révéler certains des magnifiques éléments architecturaux qui jalonneront le parcours des promenades thérapeutiques. Des granges et des étables sont en cours de construction, et la ferme pourra accueillir une centaine d'ânes. Idéalement situé au centre de l'Europe, le refuge pourra prendre sous son aile des ânes venus de l'Italie mais aussi des pays voisins, notamment des pays de l'Europe de l'Est, où le sort des ânes est actuellement un problème majeur. Cédant la place aux machines dans les exploitations agricoles, beaucoup partent dans des camions destinés aux marchés à viande.

Ferme de Sala Biellese, Italie

Nous prévoyions d'ouvrir le refuge de Sala Biellese au public en 2009, afin que tous les visiteurs puissent contempler notre travail.

Une offre de Chypre

Pendant de longues années, Patrick et Mary Skinner avaient administré à Vouni une œuvre caritative baptisée « Les Amis de l'âne de Chypre », et quand ils décidèrent de prendre leur retraite, ils ont demandé au Donkey Sanctuary de reprendre le flambeau. Des négociations ont eu lieu, l'autorisation nécessaire à l'implantation à Chypre a été obtenue et le travail a commencé. La ferme nécessite énormément d'améliorations en termes d'accueil des ânes et de paddocks, mais le travail a pour l'instant été limité du fait du nombre d'ânes pour l'espace disponible. Partout où The Donkey Sanctuary offre un foyer permanent à des ânes, il est important d'éviter le surpeuplement, et le refuge de Chypre accueille actuellement 125 ânes, dans un espace qui ne convient en fait que pour soixante à soixante-dix bêtes. Nous avons passé un an à chercher une nouvelle base, sans succès. Il fallait une solution ne nécessitant pas de transporter un grand nombre d'ânes sur des distances considérables, mais aussi soulager les installations et permettre d'accueillir d'autres ânes le nécessitant. Nous avons donc mis en place une mesure différente pour fournir des foyers à quarante ânes, au maximum. Tout en restant la propriété du Donkey Sanctuary, ils sont mis en pension dans un centre d'accueil provisoire, confiés à un « adoptant », tout en restant sous la surveillance de notre gestion et de notre personnel à Chypre.

Grèce et îles grecques

Il y a longtemps que nous travaillons en Grèce, essentiellement jusqu'en 2004 par l'intermédiaire du Greek Animal Welfare Fund (GAWF), à qui nous apportions

Des ânes à la ferme de Chypre

un financement pour travailler sur les ânes en notre nom. Si The Donkey Sanctuary continue de financer le GAWF afin qu'il propose soins vétérinaires et de maréchalerie sur le terrain, il ne possédait pas d'installations de sauvetage des ânes ; c'est pourquoi en 2004, nous avons installé à Trikala, au centre de la Grèce, un refuge capable d'accueillir quarante ânes.

Tout comme en Grèce continentale, il y a énormément d'ânes sur les centaines d'îles grecques et, là encore, *via* le GAWF, nous finançons la protection de ces animaux.

Pendant de nombreuses années, The Donkey Sanctuary a reçu des rapports de visiteurs de l'île de Santorin, à propos des ânes utilisés pour transporter les touristes le long de la falaise, depuis les bateaux au port jusqu'à la ville au sommet. Il était incroyablement dur pour les ânes de transporter des personnes de tous poids et de toutes tailles, sous un soleil de plomb, le long de ce chemin ardu. Elisabeth Svendsen fit tout ce qu'elle put pour tenter d'arracher les ânes à leur sort effroyable. Elle persuada les autorités grecques d'installer un téléphérique afin qu'on n'ait plus besoin des ânes pour transporter les touristes, et elle écrivit aussi à tous les tours operators dont les navires abordaient à Santorin, leur demandant de convaincre les touristes d'utiliser plutôt le téléphérique.

Malheureusement, en dépit de tous les efforts d'Elisabeth Svendsen, les avancées se font à pas de tortue. Les ânes taxis restent utilisés aujourd'hui, bien que des dispositions soient prises pour soulager leurs souffrances. The Donkey Sanctuary offre actuellement des soins vétérinaires gratuits aux ânes de travail deux fois par an, et collabore avec une organisation de protection locale et avec la municipalité locale pour mettre en place un Code de pratique régissant l'utilisation des ânes taxis et des autres ânes et mules qui travaillent sur l'île. En outre, nous avons offert de financer la construction d'un abri au sommet des marches, afin que les ânes puissent avoir de l'ombre. Nous injectons aussi des fonds dans l'organisation de protection locale afin qu'ils puissent régulièrement surveiller les ânes et signaler

Des ânes au centre provisoire en Grèce

Les ânes servent de taxis dans nombre de régions touristiques de la Grèce

les problèmes. Nous sommes en cours de négociation avec la municipalité concernant un refuge pour les ânes taxis retraités ; l'idée est d'établir le centre si nous parvenons à réaliser nos autres objectifs de protection pour les îles.

Transport des ânes pour le commerce de la viande

Depuis des années, The Donkey Sanctuary prend part à la surveillance et à la restriction des expéditions d'ânes en provenance de pays d'Europe de l'Est tels que la Roumanie et la Bulgarie pour l'abattage. Fin 1990, aux côtés d'Animals' Angels, une organisation de protection allemande, nous avons réussi à faire adopter une législation restreignant le transport des ânes et des chevaux *via* la frontière hongroise. Grâce à nos enquêtes, il a été prouvé que les animaux étaient transportés parfois sans arrêt, nourriture ou eau pendant quarante heures, et que des femelles pleines mettaient bas à bord, les petits survivant rarement au périple. En outre, de nombreux transporteurs utilisaient des camions à deux étages, très perturbants pour les animaux et de fait illégaux.
Ces dernières années, la situation s'est améliorée, les contrôles à la frontière devenant plus stricts. Cependant, avec l'entrée de la Roumanie et de la Bulgarie dans l'Union Européenne, nous craignons que, les contrôles se relâchant, plus personne ne soit responsable de la surveillance du bien-être des animaux et que la situation se dégrade à nouveau. Aux côtés d'autres organisations, nous mettons en place des plans de surveillance et d'information des autorités le cas échéant.

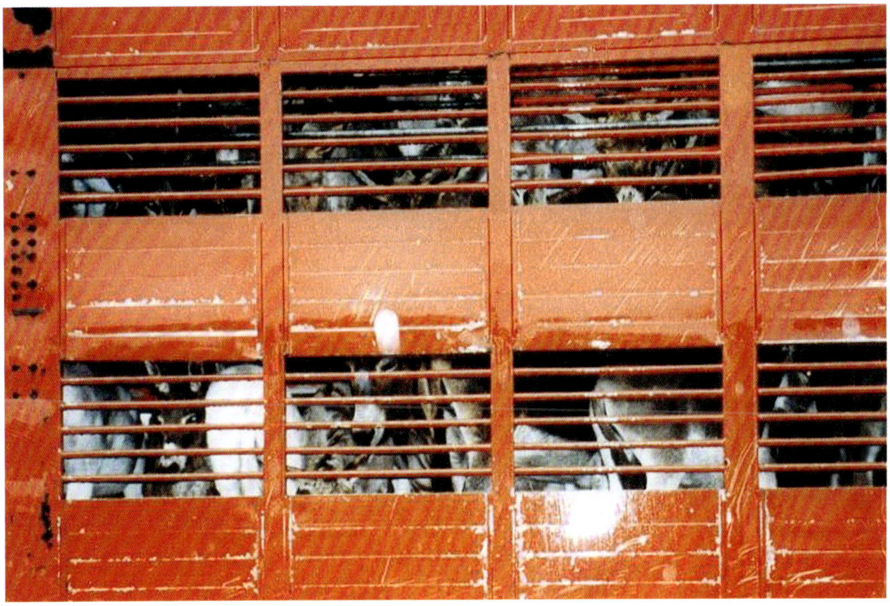

Des ânes à bord de camions à deux étages

Il reste encore beaucoup à faire pour les ânes en Europe continentale, et nous envisageons d'établir des centres d'accueil provisoires agréés à des endroits stratégiques plutôt que d'autres refuges. Il en existe déjà plusieurs en fonctionnement en France, au Portugal, en Espagne et en Grèce. L'expansion en Roumanie est en cours, et nous nous attaquerons ensuite, dans les cinq ans à venir, à la Bulgarie et à l'Albanie.

CHAPITRE 12

LA SANTÉ DE L'ÂNE DE A À Z

Abcès : cavité emplie de pus qui peut apparaître à n'importe quel endroit du corps, bien qu'elle soit plus couramment située chez l'âne sur la peau ou au pied. Un avis vétérinaire est impératif.

Allergie : sensibilité particulière à une substance étrangère qui provoque une réaction périphérique ou systémique du corps. Les trois principaux symptômes, sur le plan périphérique, sont démangeaisons, inflammations et œdèmes ; sur le plan systémique, choc anaphylactique.

Alopécie : chute des poils, à distinguer cependant d'une perte de poils provoquée par un âne qui se frotte ou s'auto-inflige des morsures à cause d'une irritation, par exemple une infestation par des poux, une dermite estivale, la teigne ou la gale. L'alopécie peut être la conséquence d'un déséquilibre hormonal, d'une déficience alimentaire, d'une maladie métabolique ou d'un empoisonnement au sélénium.

Anémie : c'est un symptôme plutôt qu'une maladie ; il s'agit d'une baisse du nombre de globules rouges dans le sang.

Anévrisme : dilatation d'une artère (parfois d'une veine) suite à un affaiblissement de sa paroi, entraînant la formation d'une sorte de « sac » pulsatile susceptible de se rompre.

Anorexie : refus de s'alimenter. L'appétit est un important indicateur de santé chez l'âne, et le refus de s'alimenter peut être l'un des premiers signes que l'âne n'est pas bien (quoique des ânes malades puissent aussi conserver un bon appétit). Un âne qui ne mange pas bien doit être examiné par un vétérinaire. Si la condition persiste, il y a risque d'hyperlipémie, particulièrement chez les ânes en surcharge pondérale, qui s'avère le plus souvent fatale si elle n'est pas prise suffisamment précocement.

Anthelminthiques : substances administrées aux ânes pour traiter les vers parasitaires. On y trouve des dérivés d'ivermectine, de benzimidazole et de pyrantel. Les méthodes d'administration incluent l'administration par voie orale, sous forme liquide ou solide, ou par injection.

Anthrax : maladie bactérienne causant une mort subite.

Arthrite : problème assez courant chez les ânes âgés, mais qui s'observe également chez des ânes plus jeunes ; parmi les causes, un trauma aigu ou chronique aux articulations, des rhumatismes, des déficiences en minéraux et la fluorose (empoisonnement chronique au fluor). Il peut y avoir une raideur généralisée au lever mais qui s'améliore souvent avec un exercice doux. On prescrit souvent des antalgiques anti-inflammatoires.

Ascaris : long vers tubulaire des équidés ; il n'est généralement un problème que chez les ânons, les ânes plus âgés développant une résistance.

Bardot : le produit d'un étalon et d'une ânesse.

Baudet : au sens premier, âne mâle, devenu un terme générique pour les ânes.

Bleime : hématome de la sole causé par une lésion traumatique, par exemple la marche sur un sol très caillouteux alors que la sole est fine ou plate ; elle survient parfois si les pieds ont été trop parés.

Boiterie : problème courant chez l'âne. La plupart des boiteries trouvent leur origine dans un problème de pied, mais diverses conditions musculo-squelettiques peuvent aussi en être la cause. Beaucoup des lésions traumatiques et blessures de stress répétitif courantes chez le cheval sont rares chez l'âne car on ne lui demande généralement pas le même type de travail. Cependant, les claquages tendineux surgissent parfois chez l'âne, et les lésions des articulations peuvent entraîner des hématomes et des tuméfactions, les genoux et les boulets étant les plus fréquemment affectés.
L'arthrite n'est pas rare chez les ânes âgés, souvent avec une nouvelle croissance osseuse (calcifications) autour des articulations. L'éparvin, atteignant généralement les jarrets, et les deux membres, en est un exemple ; initialement, il peut être très douloureux.
L'âne peut subir des fractures et des luxations suite à une lésion traumatique. Certains types de fracture des membres ne sont pas faciles à traiter, et il est plus doux pour l'âne d'abréger ses souffrances en l'euthanasiant. Il peut y avoir luxation de la hanche chez l'âne. Certains individus semblent en effet présenter une cavité cotyloïde peu profonde, la tête fémorale pouvant plus facilement se déboîter, habituellement après une mauvaise chute (l'âne peut faire le grand écart) ; une boiterie sévère et brutale du postérieur affecté, que l'âne cherche à soulager, survient alors.
Il est souvent nécessaire de faire une radiographie pour établir la cause d'une boiterie.

Botulisme : forme d'empoisonnement alimentaire, souvent fatal, causé par la bactérie *Clostridium botulinum*, qui induit une paralysie. Des cas de botulisme ont été signalés chez des ânes ainsi que chez des chevaux, dernièrement suite à la contamination d'enrubanné. L'affection est presque toujours fatale et notoirement difficile à confirmer par analyses biologiques.

Castration : intervention chirurgicale consistant à retirer les testicules d'un étalon. L'opération se fait généralement sous anesthésie générale, bien qu'il soit possible chez les très jeunes animaux d'utiliser une sédation et une anesthésie locale. Elle peut être réalisée dès que les testicules sont descendus, mais il est habituellement préférable d'attendre au moins jusqu'à l'âge de six mois pour administrer un anesthésiant général.

Cataracte : opacité du cristallin de l'œil ; elle apparaît généralement simultanément dans les deux yeux. On l'observe souvent chez les ânes âgés, et c'est un changement sénile, mais elle peut survenir pratiquement à n'importe quel âge ou suite à un trauma, une infection ou une inflammation de l'œil. L'œil prend un aspect bleuté et trouble qui affecte la vision et finit par entraîner la cécité de l'œil touché.

Chiquer : se dit d'un âne qui prend la nourriture dans sa bouche, la mâche et la recrache à terre. C'est habituellement le fruit d'une mauvaise mastication, due à une douleur dans la bouche ou une restriction du mouvement des mâchoires. Les anomalies dentaires en sont généralement la cause ; il peut s'agir de dents branlantes ou dont l'usure est irrégulière. On recommande de faire régulièrement examiner la bouche et limer les molaires au moins une fois par an chez les ânes de plus de cinq ans (voir Problèmes dentaires).

Colique : terme qui désigne les douleurs abdominales. Les ânes sont plus stoïques que les chevaux et les symptômes sont habituellement moins violents. Par conséquent, les signes de coliques chez un âne doivent être pris très au sérieux, et un vétérinaire appelé de toute urgence. Les signes à rechercher sont : perte aiguë d'appétit, abattement extrême avec tête basse, agitation, décubitus, pouls et respiration rapides, constipation ou diarrhées. Un âne qui se roule, qui regarde son ventre ou se donne des coups de pied dans les flancs exprime en général une douleur plus sévère.
Les ânes souffrant d'autres pathologies susceptibles d'entraîner des douleurs abdominales, telles qu'hépatite, cystite, pancréatite, ou sur le point de mettre bas, peuvent aussi présenter des signes de coliques.

Colostrum : épaisse sécrétion de la glande mammaire de l'ânesse avant le flux de lait normal. Le colostrum contient les anticorps nécessaires pour permettre à l'ânon de combattre les infections avant que son propre système immunitaire ne se soit pleinement développé. Le colostrum n'est plus secrété passé vingt-quatre heures, il est donc vital que l'ânon tète dans ce délai.

Conjonctivite : inflammation de la membrane conjonctive (la membrane couvrant la surface de l'œil et les paupières internes).

COPD : maladie pulmonaire obstructive chronique, également connue sous le nom d'emphysème. Cette maladie, analogue à l'asthme chez les humains, est habituellement causée par une allergie, en général aux spores fongiques contenues dans la poussière de foin ou de paille.

Cystite : assez peu commune, elle survient parfois chez l'âne. Il s'agit d'une inflammation de la vessie caractérisée par une miction fréquente, avec une libération d'urine en petite quantité, souvent avec difficulté. Elle s'accompagne aussi en général de fièvre et de perte d'appétit. La cause en est habituellement une infection, et elle nécessite un traitement aux antibiotiques. Les calculs dans la vessie ou l'urètre, qui peuvent nécessiter une intervention chirurgicale, provoquent aussi le même genre de symptôme.

Dermatophilose : infection entraînant une dermatite chronique, dans laquelle les poils prennent l'aspect de touffes emmêlées et redressées.
La dermatophilose peut aussi être une affection de la peau causée par *Dermatophilus congolensis*. Cet organisme participe également à la gale de boue. Elle survient quand l'âne est resté sous la pluie et que la peau a été excessivement mouillée, ce qui permet à l'organisme de pénétrer dans la peau, causant une dermatose, qui peut aussi prendre un aspect humide et croûteux. Le poil se présente souvent en pinceaux, avec des croûtes séchées emmêlées. L'âne affecté doit être tenu au sec, traitement qui suffit à soigner les cas légers. En outre, la peau peut être lavée avec une solution antiseptique, mais les cas sévères peuvent nécessiter un traitement antibiotique.

Dermite estivale : réaction allergique de la peau à la piqûre de culicoïdes (moucherons). Elle survient chez les animaux affectés chaque année d'avril à octobre environ (en Europe). Les démangeaisons sont intenses, et l'âne se frotte habituellement la peau le long de la crinière, du dos et à la base de la queue.

Diarrhée : possibles causes de diarrhées chez l'âne :
(a) Nervosité – Les ânes facilement perturbés ont de temps en temps des fèces liquides mais celles-ci redeviennent normales quand l'âne se calme.
(b) Alimentaires – Les brusques changements de régime alimentaire peuvent induire des diarrhées. On les observe souvent quand les ânes sont mis au pré ou s'ils reçoivent une alimentation riche en protéines. Les ânons peuvent développer des diarrhées nutritionnelles à cause d'une intolérance au lait. Elles peuvent aussi surgir quand l'ânesse a ses premières chaleurs après une mise bas (environ une semaine après). La réduction de la prise de lait et le remplacement par des solutions au glucose/électrolytes sont habituellement bénéfiques.
(c) Parasitaires – Le parasitisme intestinal peut susciter des diarrhées chroniques. La plupart du temps, il s'agit d'une infection par des strongles, qu'une vermifugation régulière devrait prévenir. L'infection par d'autres espèces de vers ou des protozoaires intestinaux peut aussi causer une diarrhée.
(d) Infections – Certaines bactéries (notamment la salmonelle) et certains virus peuvent provoquer des diarrhées aiguës et chroniques à la fois. L'âne est généralement malade et peut nécessiter une thérapie intensive, avec des solutions de réhydratation et probablement des antibiotiques.

(e) Mauvaise digestion – Peut être causée par l'incapacité de mâcher correctement (dentition en mauvais état, par exemple), une alimentation inappropriée (par exemple le régime alimentaire d'un adulte pour un jeune ânon) ou une maladie de la paroi intestinale empêchant l'assimilation des composés alimentaires. Si les diarrhées persistent, le problème peut devenir sérieux, parce que les processus digestifs et l'absorption des nutriments sont affectés, mais aussi parce que la perte de fluides peut entraîner une déshydratation. Si les diarrhées persistent pendant quarante-huit heures ou plus, demander l'avis d'un vétérinaire.

Dysphagie : il s'agit d'une difficulté à déglutir qui peut avoir plusieurs causes. Elle a pour conséquence la régurgitation de la nourriture par le nez, sous la forme d'un écoulement nasal verdâtre. Elle peut également survenir lors d'un étouffement, de la maladie de l'herbe, de certains types de coliques et de certaines conditions affectant le système nerveux, telles que le botulisme, l'empoisonnement au plomb et la rage.

Écoulement nasal : écoulement des naseaux, unilatéral ou bilatéral. Les écoulements peuvent être de divers types :

1. Séreux (aqueux) – Habituellement très léger, mais peut progresser jusqu'au stade suivant.
2. Muco-purulent, qui peut être épais et blanc ou couleur crème.
3. Régurgitation de nourriture – Écoulement verdâtre contenant de la nourriture en conséquence d'un reflux ou d'une incapacité à avaler (voir Étouffement, Coliques, Dysphagie, Maladie de l'herbe).
4. Sanglant – Hémorragie franche ou conjointement à un écoulement muco-purulent.

Ectoparasites : parasites externes.

Empoisonnement : la plupart des empoisonnements qui surviennent chez l'âne sont la conséquence d'une ingestion de plantes toxiques. Le plus courant est l'empoisonnement au séneçon, mais on observe aussi des cas d'empoisonnement à la fougère aigle et à la prêle. Certains poisons végétaux suscitent des douleurs abdominales et des diarrhées, par exemple les renoncules et les glands, et certains produisent aussi des symptômes nerveux, comme la belladone, la ciguë et le cytise. Le millepertuis est un exemple de plante causant la photosensibilisation et l'if est extrêmement toxique, les animaux affectés étant le plus souvent retrouvés morts. L'empoisonnement par des agents chimiques peut aussi survenir, mais il est rare. L'empoisonnement au plomb peut être induit si l'âne lèche des objets revêtus d'une peinture au plomb ; il peut provoquer une anémie, une faiblesse générale et des signes neurologiques, dont l'incapacité à avaler. Donner à l'âne des aliments pour bétail contenant l'accélérateur de croissance Monensine peut également entraîner un empoisonnement. En cas d'ingestion de plus d'une certaine quantité, il peut y avoir défaillance cardiaque et décès. L'empoisonnement peut aussi faire suite à une contamination de la nourriture, par exemple par une mycotoxine comme l'aflatoxine, ou par le champignon lui-même, comme l'ergot de seigle, qui peut provoquer une mauvaise circulation et, plus tard, la gangrène des extrémités.

Empoisonnement à la fougère aigle : l'ingestion de fougère aigle (particulièrement verte) peut sur le long terme entraîner un empoisonnement. Cependant, cette plante n'est généralement mangée que si la pâture est médiocre ou du foin de mauvaise qualité donné.

Empoisonnement au séneçon : le séneçon est toxique tant frais que sec. Cependant, frais, il présente un goût amer que les ânes n'apprécient guère, à moins qu'il n'y ait pas grand-chose d'autre à manger. Une fois séché, sous forme de foin par exemple, il est insipide et ingéré sans autre forme de procès ; il ne faut donc jamais faire de foin à partir de champs où il est présent.

Endoparasites : parasites internes.

Étouffement : la nourriture coincée dans l'œsophage entraîne un étouffement. L'âne ne peut plus avaler, la nourriture peut être régurgitée par le nez et, selon le site de l'obstruction, l'encolure peut s'arquer. L'âne paraît habituellement en détresse. Il convient de faire venir un vétérinaire de toute urgence.

Fourbure : pathologie du pied extrêmement douloureuse, due à une congestion des structures sensibles (lames) à l'intérieur du pied. Les quatre pieds peuvent être touchés, bien que les antérieurs soient quasi invariablement affectés les premiers. Les pieds sont chauds au toucher, et la sole très molle.
La fourbure est habituellement précipitée par l'introduction trop zélée d'aliments très riches (à haute teneur en hydrates de carbone, notamment) dans le régime alimentaire ou peut survenir après des lésions ou une maladie hépatique accompagnée de fièvre. L'introduction de nouveaux aliments fibreux plus énergétiques doit toujours se faire très progressivement, afin d'éviter le risque de fourbure.

Fourmilière : la lésion caractéristique présente des zones de corne grise et friable, généralement au niveau de la pince mais qui peuvent s'étendre de l'autre côté, des cavités triangulaires apparaissant dans la paroi du sabot. La saleté et les débris peuvent aussi s'accumuler dans cet espace, aggravant encore l'affection. On applique souvent un antibiotique dans la cavité pour prévenir l'infection.

Gale : caractérisée par une irritation extrême et une perte de poils, avec des lésions épaisses et croûteuses, elle est rare chez l'âne.

Gale de boue : elle survient chez les ânes vivant sur des sols humides boueux. Il s'agit d'une inflammation humide de la peau en dessous du boulet, qui permet l'entrée de bactéries, particulièrement de la bactérie *Dermatophilus*, également responsable de la dermatophilose. Il peut aussi y avoir engorgement et sensibilité du bas des membres, et l'âne est souvent boiteux. Certains présentent aussi des signes de maladie systémique, avec abattement et perte d'appétit. Il est essentiel de garder les animaux touchés à l'intérieur sur une litière sèche pour permettre aux membres de sécher, de nettoyer les membres avec un antiseptique et éventuellement d'appliquer des agents anti-inflammatoires. L'administration d'antibiotiques par injection peut aussi s'avérer nécessaire.

Gourme : jadis très fréquente, mais aujourd'hui rarement observée chez l'âne. C'est une infection bactérienne à *Streptococcus equi* hautement contagieuse et qui touche le tractus respiratoire supérieur.

Grippe équine : La grippe équine est causée par un groupe de virus connus sous le nom de myxovirus, dont il existe au moins quatre sous-types. C'est une maladie hautement contagieuse, caractérisée par la fièvre et un écoulement nasal, avec divers degrés d'abattement et d'inappétence. Le virus cause aussi une inflammation du cœur et du foie, de sorte qu'il convient d'éviter tout exercice ou stress durant la maladie et pendant environ un mois par la suite. Le rétablissement est généralement bon, bien que des infections secondaires puissent poser problème. Si l'âne refuse de s'alimenter, il peut finir par souffrir d'une hyperlipémie. Il est possible (et recommandé) de vacciner contre les souches communes de ce virus. Deux doses de vaccin sont habituellement administrées, à quatre à six semaines d'intervalle, suivies par des rappels au moins une fois par an. Il peut être nécessaire de vacciner à six mois d'intervalle si l'âne doit frayer avec d'autres équidés, par exemple lors de concours, etc. Le vétérinaire pourra conseiller sur le meilleur régime vaccinal pour un individu en particulier. Après le vaccin, il convient d'éviter l'exercice pendant une semaine après un vaccin primaire et trois jours après un rappel. On observe souvent des symptômes similaires à ceux de la grippe chez des ânes vaccinés, d'autres sources du virus pouvant ne pas être couvertes par le vaccin ou un type de virus différent (y compris le virus de l'herpès équin) pouvant en être à l'origine. À l'occasion, un animal peut ne pas réagir comme il faut au vaccin.

Harper : pathologie affectant le contrôle nerveux des postérieurs. On observe une flexion brutale et rapide d'un postérieur, voire des deux au pas. Ce comportement peut être exacerbé sur le cercle.

Hyperlipémie : il s'agit d'une condition particulièrement dangereuse et potentiellement fatale si elle n'est pas traitée précocement. Elle survient particulièrement chez les ânes gras, quand la nourriture a été drastiquement réduite sur un certain laps de temps (qui peut parfois ne pas dépasser trois ou quatre jours). Il peut aussi s'agir d'une complication d'une autre maladie provoquant une perte d'appétit, par exemple en cas de colique, grippe, de fourbure, de pneumonie, ou simplement quand l'âne cesse de s'alimenter suite à un changement d'environnement.

Kystes hydatides : kystes parasitaires que l'on trouve habituellement dans le foie mais, à l'occasion, dans les poumons également. Ils sont la phase intermédiaire du cestode *Echinoccus granulosus*, que l'on trouve dans les pâtures contaminées par des excréments de chiens ou renards infectés. Bien que l'on observe rarement de signes cliniques visibles chez les ânes infectés, des kystes en grand nombre peuvent détruire une grande partie du tissu hépatique, faisant dans ce cas apparaître des signes d'insuffisance hépatique.

Maladie de l'âne : voir Coliques.

Maladie hépatique : les lésions du foie sont assez fréquentes chez l'âne, mais il n'y a pas de signes cliniques tant que l'organe n'est pas en grande partie affecté, les tissus sains restants pouvant généralement assurer les fonctions hépatiques comme il se doit. Parmi les causes les plus fréquentes de maladie hépatique :
1. Stéatose hépatique et hyperlipémie
2. Empoisonnement au séneçon
3. Kystes hydatides
4. Hépatite causée par une infection bactérienne ou virale
5. Obstruction des voies biliaires

Mammite : inflammation de la mamelle. On l'observe habituellement uniquement chez les ânesses allaitantes mais, à l'occasion, elle peut toucher des ânesses non allaitantes. Certains jeunes, s'ils ne sont pas convenablement sevrés, continuent de téter de temps en temps pendant des années, et la mère est dans ce cas sujette à des mammites. La mamelle est chaude, enflée et douloureuse d'un côté ou des deux, et il peut y avoir un œdème le long du ventre devant la mamelle. Le lait change couramment d'aspect ; il est plus épais et semblable à du pus, ou grisâtre et aqueux. Il contient parfois du sang. Il peut aussi y avoir de la fièvre, avec un abattement et une perte d'appétit, et l'ânesse peut réagir violemment à la manipulation de sa mamelle. Un traitement antibiotique est nécessaire. Baigner régulièrement la mamelle dans l'eau chaude et traire régulièrement aide à soulager la douleur.

Mouches : elles représentent une nuisance tout au long de l'été, non seulement parce qu'elles provoquent agacement et irritation mais parce qu'elles peuvent diffuser et provoquer des maladies. Elles ont une prédilection pour les yeux et les plaies, se nourrissant des sécrétions ou des écoulements. L'irritation retarde la guérison des plaies, et les mouches pondent souvent dans la blessure leurs œufs, qui donnent naissance à des vers. C'est pourquoi les blessures doivent toujours être tenues propres. D'autres mouches (les mouches piquantes) peuvent causer des piqûres douloureuses, provoquant un agacement sur le moment puis des tuméfactions, parfois avec des croûtes, sur la peau. Diverses mesures sont possibles pour réduire le nombre de mouches autour de l'âne, par exemple les répulsifs à insectes. Certaines personnes utilisent un frontal chasse-mouches ou un masque anti-mouches sur la face pour protéger les yeux.

Mulet/Mule : le produit d'un âne étalon et d'une jument ou d'une ponette.

Néphropathie : rarement diagnostiquée chez l'âne, particulièrement à un stade précoce. Les causes d'une néphropathie chez l'âne sont l'accumulation de lipides dans les reins (associée à une hyperlipémie), des infections rénales, des lésions des reins suite à des infections chroniques ailleurs dans le corps et une dilatation kystique, qui peut être soit congénitale soit due à une obstruction dans le tractus urinaire. Le traitement possible comprend des antibiotiques, des solutions de réhydratation et des stéroïdes anabolisants. Cependant, chez les animaux âgés présentant une néphropathie de longue date, le pronostic est mauvais et l'euthanasie souvent recommandée.

Obésité : problème courant chez les ânes de France et de Grande-Bretagne, mais rare dans les pays où ils doivent travailler. Les dépôts de graisse sont habituellement localisés sur l'encolure, de chaque côté de la paroi thoracique, évoquant une sacoche de selle, et autour des fesses. Il est impératif de ne pas essayer de réduire trop rapidement le poids, ce qui pourrait provoquer une hyperlipémie.

Parasites : les ânes sont couramment infectés par des endo et ectoparasites. Les ectoparasites sont responsables de la majorité des maladies de peau caractérisées par des démangeaisons (voir Mouches, Poux, Gale, Dermite estivale). Les endoparasites englobent les ascaris, les strongles (grands et petits), les oxyures, les nématodes, le ténia, les varrons, les strongles pulmonaires et la douve du foie.

Perte de poids : ce peut être un problème chez certains ânes, particulièrement les ânes d'âge ; elle peut suivre une période d'affaiblissement ou de stress lors de laquelle l'âne a réduit sa consommation alimentaire. Si un âne perd du poids, il convient de vérifier que le régime alimentaire est approprié. S'il est correct, on peut investiguer d'autres causes courantes de perte de poids : les problèmes dentaires (qui empêchent la mastication correcte), les charges parasitaires importantes et les maladies hépatiques ou rénales. Parfois, la consommation alimentaire diminue chez les ânes âgés qui passent beaucoup de temps debout sans manger. Si c'est le cas, des aliments fibreux plus énergétiques peuvent être introduits dans le régime alimentaire, mais cela doit toujours se faire progressivement pour éviter diarrhées et fourbure. Ces ânes prennent souvent du poids quand ils sont mis au pré mais la qualité de l'herbe décroît au fur et à mesure de la saison, et il faut du foin de bonne qualité en complément. On trouve dans le commerce des blocs mélassés qui représentent une source d'énergie additionnelle utile, car ils sont très appétents. Si la perte de poids survient trop rapidement après une maladie ou un régime forcé, l'hyperlipémie peut survenir.

Photosensibilisation : type de brûlure chez certains ânes blancs et pies en été. Habituellement, le ladre (la peau rose autour du museau) et la face sont affectés, quoiqu'elle puisse survenir sur n'importe quelle zone de peau dépigmentée. Certains types de plantes, telles que le millepertuis, contiennent des substances rendant l'âne sujet à la photosensibilisation. Une maladie hépatique peut avoir le même effet dans certains cas. Les zones touchées sont inflammées et deviennent ensuite à vif et croûteuses. On peut utiliser des crèmes anti-UV pour garder sa souplesse à la peau et offrir une protection contre le soleil. Les cas sévères doivent être gardés à l'intérieur quand il y a du soleil. Une crème antibactérienne et anti-inflammatoire peut aider à diminuer l'inflammation et prévenir l'infection bactérienne de la peau lésée.

Pieds : les pieds des ânes sont souvent négligés et peuvent rapidement présenter une croissance excessive et tordue. Dans les régions où les ânes travaillent sur un sol dur et rocheux (par exemple dans les pays méditerranéens), la vitesse d'usure du sabot est approximativement égale à la vitesse de la pousse, de sorte que les pieds conservent une forme et une longueur correcte. Cependant, chez les ânes qui vivent une vie plus sédentaire sur un sol mou, les sabots peuvent pousser exagérément s'ils sont laissés sans surveillance. Ils deviennent très longs et se recourbent « en babouche », particulièrement aux antérieurs. Sans correction, ils se tordent, des difformités peuvent surgir, douloureuses pour l'âne et pour lesquelles il faut parfois des mois de parage avant de redonner une forme normale au sabot. Il arrive même parfois que la déformation soit si sévère qu'il soit impossible de récupérer un pied normal. Les sabots doivent être régulièrement parés, toutes les six à dix semaines environ. Les ânes ne sont normalement pas ferrés, mais cela peut s'avérer nécessaire si l'âne doit beaucoup travailler sur route. La plupart des boiteries de l'âne ont pour origine un problème de pied, les causes les plus courantes étant les abcès, une pourriture de la fourchette, la fourbure, la fourmilière et, bien sûr, la déformation des pieds.

Pif : synonyme de cryptorchide. Ce terme désigne un âne mâle chez qui un testicule ou les deux ne sont pas descendus. Un âne pif peut souvent être agressif et difficile à manipuler, et une intervention chirurgicale pour retirer le testicule restant est généralement recommandable. Il peut parfois descendre suite à une injection d'hormones. Le testicule est généralement défectueux ; il peut parfois, mais rarement, devenir cancéreux. S'il ne semble pas y avoir de testicule dans le scrotum alors que l'on soupçonne l'âne d'être pif, des analyses sanguines assez simples suffiront à confirmer ou infirmer l'hypothèse.

Plaies : conséquences d'une blessure, elles peuvent se présenter sous la forme d'hématomes et de tuméfactions avec la peau intacte, ou de plaies ouvertes.

Pneumonie : inflammation des tissus pulmonaires, résultant généralement d'une infection. Elle peut faire suite à une infection du tractus respiratoire supérieur ou à une période générale de fatigue où la résistance de l'âne aux organismes pathogènes présents dans l'environnement est affaiblie. L'âne affecté est habituellement abattu et manque d'appétit, avec une température élevée, une respiration rapide et superficielle et une accélération du pouls. Il peut y avoir toux et écoulement nasal, et les poumons font un bruit caverneux, avec souvent présence de liquide. Un traitement antibiotique est nécessaire, accompagné d'une thérapie nutritionnelle pour éviter une hyperlipémie. L'environnement doit être aussi exempt de poussière que possible.

Pourriture de la fourchette : infection de la fourchette du pied de l'âne qui, quand elle très sévère, peut s'étendre aux zones adjacentes. La corne de la fourchette devient molle et noire, et dégage une très forte odeur. Il n'y a pas toujours boiterie mais, quand elle est sévère, elle peut être extrêmement douloureuse. Le pied doit être tenu propre et sec.

Poux : les ânes peuvent être la proie des poux broyeurs *(Damalinia equi)* et des poux suceurs *(Haematopinus asini)*. Les infestations par les poux causent une irritation intense, entraînant une perte de poils du fait de frottements et de morsures. Une infestation moins sévère confère au poil un aspect terne, écailleux, mal entretenu. Dans les cas extrêmes, l'âne peut présenter une perte d'état et une anémie.

Problèmes dentaires : la majorité des problèmes en rapport avec les dents peuvent être ramenés à une usure irrégulière des molaires au fur et à mesure du vieillissement. Les arêtes extérieures des molaires peuvent en effet devenir

coupantes et blesser les gencives ; la bouche devient douloureuse et la mastication difficile. Dans les cas extrêmes, les dents de la mâchoire supérieure peuvent chevaucher celles de la mâchoire inférieure, ou vice versa, à un point tel que le mouvement latéral des mâchoires est restreint. Pour éviter ces problèmes, la bouche de l'âne doit être régulièrement examinée et les dents limées chaque année à partir de l'âge de 5 ans, si nécessaire.
Les anomalies des dents peuvent se remarquer à un âne qui chique ou bave, qui perd de l'appétit ou du poids ; elles peuvent provoquer des coliques, et dans certains cas des sinusites.

Rage : infection virale des mammifères transmise par la salive d'un animal atteint. Les hôtes les plus courants sont les carnivores et les chauves-souris. La rage équine est généralement peu fréquente.

Salmonellose : un problème rare chez l'âne. On peut soupçonner une salmonellose dans les cas d'entérite aiguë, particulièrement s'il y a présence de sang dans les diarrhées. Des précautions hygiéniques strictes doivent être prises en cas de suspicion de salmonellose, et les ânes affectés doivent être mis en quarantaine. N'oubliez pas que la salmonellose peut aussi être une maladie humaine : après manipulation d'ânes infectés, il est important de se laver et de se désinfecter soigneusement.

Sarcoïdes : tumeurs de la peau fréquentes chez l'âne. On pense qu'elles peuvent être causées par une infection virale, peut-être transmise par des insectes volants. La maladie n'est pas très contagieuse, quoique son incidence soit probablement plus élevée quand des ânes vivent ensemble en grand nombre.

Strongles : il existe plusieurs espèces de strongles qui peuvent infecter les ânes. Il est normalement recommandé de vermifuger les ânes suivant la coproscopie parasitaire, avec des traitements ciblés pour des parasites précis à certaines époques de l'année. La fréquence de prélèvement dépend du nombre d'équidés qui paissent ensemble et du type de médicament utilisé. Un traitement peut être rendu moins souvent nécessaire avec un bon système de gestion des pâtures. Le vétérinaire peut prescrire au cas par cas un régime de vermifugation et de gestion des pâtures.

Strongles pulmonaires *(Dictyocaulus arnfieldi)* : parasite de l'équidé, dont l'âne est l'hôte naturel. Il peut accueillir des colonies importantes de strongles pulmonaires sans présenter le moindre signe clinique.

Strongyloïdose : *Strongyloides westeri* est le nématode des équidés.

Teigne : infection fongique de la peau hautement contagieuse, parfois zoonotique. Elle peut se transmettre par contact direct entre des animaux affectés et non affectés, ou indirectement par le truchement des brosses, du harnachement, du box, de vêtements, etc. ayant été en contact avec le champignon. Il existe plusieurs types de champignons pouvant causer la teigne chez les ânes, et certains types sont transmissibles à d'autres espèces, notamment au bétail. Les lésions de la peau sont variables mais débutent habituellement sous la forme de plaques circulaires ou irrégulières dépourvues de poil, qui démangent habituellement, mais pas toujours.

On trouve souvent les lésions autour de la tête et dans la région de la selle ou de la sangle (si l'âne porte un harnachement) mais elles peuvent apparaître n'importe où sur le corps. Pour confirmer le diagnostic de teigne, le vétérinaire doit prendre un prélèvement de peau. Les ânes infectés doivent être isolés des autres animaux pour prévenir la contagion. Le traitement implique alors l'administration de médicaments antifongiques sous forme de solution, dans l'alimentation ou les deux. Les brosses, le harnachement, les tapis et les écuries doivent aussi être traités avec une préparation antifongique pour prévenir la réinfection.

Température : la température normale d'un âne est de 37,1 °C, mais elle peut varier entre 36,5 °C et 37,7 °C chez les ânes cliniquement normaux. La température augmente généralement suite à une infection mais peut aussi être élevée en cas de douleur ou après un exercice. Les ânons en bonne santé ont une température légèrement supérieure à celle des adultes.

Ténia du cheval : *Anoplocephala perfoliata* cause rarement de maladie clinique, mais on attribue aux infestations sévères de l'âne et du cheval une perte d'état, des diarrhées et des coliques. L'infection est causée par l'ingestion d'acariens oribatides (l'hôte intermédiaire du vers). Le traitement implique l'utilisation d'un vermifuge actif contre le ténia. Le stade intermédiaire du ténia du chien génère des kystes hydatides dans le foie (voir Kystes hydatides).

Tétanos : cette maladie est particulièrement dangereuse chez l'âne, alors qu'on peut aisément la prévenir par une vaccination de routine. La primo-vaccination peut commencer chez l'ânon entre trois à cinq mois, et une deuxième dose est nécessaire quatre à six semaines plus tard. Le rappel se fait un an plus tard et, après ce premier rappel, les injections doivent être administrées à un ou deux ans d'intervalle. Les ânesses gestantes doivent recevoir une dose de rappel un mois avant la mise bas, afin qu'elles puissent transmettre à l'ânon une bonne quantité d'anticorps dans le colostrum.

Toux : il est rare d'entendre un âne tousser, même en présence de sévères lésions pulmonaires, mais elle survient cependant en cas d'irrigation du tractus respiratoire supérieur et de certains types d'infection. Une toux persistante nécessite toujours un avis vétérinaire.

Urticaire : réaction allergique, habituellement à quelque chose qui a été ingéré ou qui a été en contact avec la peau.

Vaccinations : ciblées sur des maladies précises, elles stimulent le système immunitaire de l'âne, qui produit des anticorps pour se protéger contre cette maladie. Il est absolument capital que tous les ânes soient vaccinés contre le tétanos, et la vaccination contre la grippe équine est hautement recommandée, particulièrement s'il y a d'autres ânes ou chevaux dans la zone.

Verrues : certains ânes peuvent être affectés par de multiples petites verrues (qui ne sont pas la même chose que des sarcoïdes) causées par un virus. Habituellement, les verrues tombent sans traitement mais il peut occasionnellement être nécessaire de les retirer chirurgicalement. Si on laisse la maladie suivre son cours, un animal qui s'est rétabli est habituellement immunisé contre la réinfection.

Virus de l'herpès équin (rhinopneumonie) : il existe cinq virus de l'herpès reconnus, responsables de quatre syndromes différents chez les équidés :

1. Une forme respiratoire, contagieuse et se transmettant facilement par les écoulements nasals. On observe fièvre, abattement, écoulement nasal et parfois toux.
2. Fausse couche, généralement vers la fin de la gestation. Certaines ânesses infectées donnent naissance à un ânon vivant, mais il est habituellement faible et atteint par la troisième forme de la maladie.
3. Rhinopneumonie congénitale. Les ânons affectés sont faibles à la naissance ou s'affaiblissent peu de temps après et refusent de téter. Le traitement est généralement un échec et la plupart meurent en quelques jours.
4. Maladie neurologique. Elle peut être précédée de signes respiratoires. L'arrière-main perd sa coordination et on observe parfois une incontinence urinaire. Dans les cas sévères, la station debout devient impossible.

La forme la plus courante chez l'âne est la forme respiratoire, et le rétablissement est habituellement bon, quoiqu'il puisse y avoir des complications du fait d'infections par d'autres organismes. Un vaccin est disponible, essentiellement efficace contre la forme abortive, mais l'immunité qu'il génère n'est ni très fiable ni très durable.

REMERCIEMENTS

Je souhaiterais adresser mes remerciements les plus sincères à tous ceux qui ont apporté leur contribution à cet ouvrage. Une seule personne ne peut tout savoir sur ces fascinants équidés et je voulais y mettre à disposition les informations les plus complètes possibles, pour en faire un livre vraiment précieux. J'espère qu'à nous tous nous avons couvert la plupart des aspects propres aux ânes et aux mules. Je remercie donc :

Paddy Barrett
Sue Brennan
Annie Brown
Alan Brown

Bob Camac
Rosemary Clarke
Debbie Coombes

Dr Aline De Aluja

Pat Feather

Feseha Gebreab
Jean Gilchrist
Abdalla Hadi Rifai
Sue Harland
Lauriel Harris
Ben Hart

Allison Mann

Ramesh Kumar Perumal

Mourad Ragheb

Kate Selley
Paul Svendsen

Martin Taggart
Bill Tetlow
Alex Thiemann

Bob Venn
Dawn Vincent

Judy Welsman

INDEX

Traduit de l'anglais par Claire Charles
Adaptation et mise en page : Facompo

23, rue de l'École-de-Médecine, 75006 Paris, France
ISBN : 978-2-7114-2136-7
Dépôt légal : juillet 2011

Achevé d'imprimer en Italie par Zanardi.